Christine Domann

Arbeitslos

Verraten und verkauft

Domann, Christine
Arbeitslos
Verraten und verkauft

ISBN 978-1499749465

Layout und Satz: B: Rumpelt
Umschlaggestaltung: A. Venal
Druck: Amazon Distribution

Inhalt

Einleitung

Hatten Sie schon einmal das Glück entlassen zu werden? Denn machen wir uns nichts vor: das mag zwar für Sie persönlich eine Katastrophe sein, zumindest werden sie es im ersten Moment so sehen. Aber wenn man diversen Quellen glauben darf, kann ihnen doch eigentlich gar nichts Besseres passieren. Ehrlich! Sie müssen sich nun zwangsweise mit ihren Stärken und Schwächen auseinandersetzen, überlegen, was sie eigentlich wollen und dann einen Plan machen, um genau das zu erreichen. Dann müssen sie es nur noch umsetzten, und - voilà – schon haben sie sich selbst zu einem sehr viel besseren und zufriedeneren Leben verholfen. Es ist eigentlich ganz einfach, sie müssen nur wollen. So wird man zu seinem Glück gezwungen, es ist ja nur zu ihrem Besten.

Das ist natürlich völliger Quatsch. Wohl jeder hat schon mal vor dieser Situation gestanden und die wenigsten sind dabei ungeschoren davongekommen. Die inzwischen immer wieder propagierte Vorstellung, dass der Arbeitsmarkt im Wandel ist, sich den Arbeitnehmern anpassen und Anreize bieten muss, um gute Köpfe zu ergattern und zu halten, ist ein modernes Märchen, das nicht dadurch wahrer wird, dass man es dauernd wiederholt. Was vielleicht für ein paar wenige Branchen und Arbeitnehmer gilt, ist für den großen Rest der Arbeitswelt - sprich Otto Normalarbeitnehmer - lediglich eine schöne Illusion.

Und wer tatsächlich glaubt, dass die Arbeitsagentur Kunden hat, denen sie dienen möchte, möglichst indem sie ihre Kunden in Lohn und Brot vermittelt, der glaubt vermutlich auch noch an den Weihnachtsmann.

Lassen sie sich entführen in eine (Alb-)Traumwelt, in der man zum Spielball verkommt, nichts mehr zu melden hat und den gesunden Menschenverstand lieber zu Hause lassen sollte.

Der Anfang vom Ende

Ich war ein normaler Mensch. So wie tausende andere auch. Ich stand jeden Morgen auf, ging zur Arbeit, ging danach wieder nach Hause und lebte danach mein Leben. Und manchmal hatte ich auch Urlaub. So wie jetzt.

Verreisen war nicht drin, das Geld reichte einfach nicht. Aber es reichte noch zum Leben. Früher, da hatte ich oft noch was über und konnte im Jahresurlaub irgendwo hinfahren, wo es warm war.

Aber in den letzten zwei Jahren hatte man in der Firma jede Möglichkeit genutzt, die Personalkosten zu kürzen. Da wurde zunächst mal ein neues Entlohnungssystem eingeführt, mit regelmäßigen jährlichen Personalgesprächen und Zielvereinbarungen. Dazu wurde erst einmal die übertarifliche Zulage gestrichen. Die sollte nämlich jetzt leistungsbezogen gezahlt werden. Meine Zulage lag immer im Durchschnitt, damit gehörte ich wohl zur soliden Mittelschicht im Unternehmen. Das wäre aber nicht weiter schlimm, denn nun hätten wir die einmalige Chance, unser Gehalt praktisch selbst zu bestimmen, wurde uns erklärt. Das einige Kollegen vielleicht etwas weniger bekommen könnten, war klar, aber dafür würden andere ja auch etwas mehr erhalten. Das lag ganz in unserer Hand und war furchtbar gerecht.

Die Vorgesetzen wurden umfassend geschult und kamen danach so verwirrt wie vorher in die Abteilung zurück. Eigentlich wusste niemand so recht, wie das nun alles gehandhabt werden sollte. Es wurden also Gespräche geführt und Ziele definiert. Unglücklicherweise war das im Büro nicht so einfach wie in der Werkstatt. Wenn der Kollege dort das Pensum erfüllt hatte, dann konnte man das erkennen. Aber wie bewertet man die Arbeitsleistung im Büro? Es wurden also mehr oder weniger schwammige Ziele definiert, von denen bereits im Vorfeld klar war, dass man sie nicht wirklich hieb- und stichfest machen konnte. Aber was sollte man machen?

Es kam wie es kommen musste. Bei der nächsten Bewertung lag ich wieder gut über dem Durchschnitt und hatte meine Arbeit ordentlich gemacht. Nicht herausragend, aber immerhin überdurchschnittlich. Man sollte annehmen, dass dann im nächsten Jahr auch eine zumindest durchschnittliche monatliche Prämie gezahlt werden würde. So zumindest sah es das System vor und so hatte man es uns auch erklärt.

Die Abrechnung erfolgte mit einem Punktesystem, wobei die Punkte einen gewissen Wert am gesamten Bonustopf hatten. Die Ernüchterung folgte bald: die Prämie fiel erbärmlich aus, sie lag fast am niedrigen Grundgehalt und damit erheblich unter meinem vorherigen Gehalt. Den meisten meiner Kollegen ging es trotz guter Beurteilungen nicht viel besser. Und das würde nun für die nächsten 12 Monate so bleiben, bis die neue Beurteilung erfolgte. Neues Glück, neues Spiel.

Ich rechnete nach. Und kam zu dem Ergebnis, dass ich selbst bei 150 Prozent Leistung, dem maximal erreichbaren Wert, nicht einmal auf eine durchschnittliche Prämie kommen konnte. Das war nicht nur paradox, das ging eigentlich gar nicht, denn der Prämientopf war ebenso groß wie vorher. Wenn selbst bei maximal erreichbarer Punktzahl nicht mal eine durchschnittliche Prämie herauskam, wer bekam also das ganze Geld?

Die Dame in der Personalabteilung war resolut. „Das kann gar nicht sein, das geht ja gar nicht!" Ich bat Sie, mir das bitteschön zu erläutern, da ich es auch für unmöglich hielt. Diesen Gefallen tat sie mir leider nicht. Also versuchte ich mein Glück beim Betriebsrat, der die Regelung in langen Verhandlungen erstritten hatte, und sie bei jeder Gelegenheit als das Ei des Kolumbus pries. Auch dort hielt man meine Berechnung für falsch, konnte mir aber auf Anhieb natürlich auch nicht sagen, wo mein logischer Fehler denn lag. Aber da das ja gar nicht möglich war, war garantiert ein Fehler in Rechnung. Man würde sich das genauer ansehen müssen und auf mich zukommen. Ich habe natürlich nie wieder etwas gehört.

Nun konnte ich also keine großen Sprünge mehr machen. Konnte ich vorher schon nicht, denn in den letzten Jahren hatte es aufgrund der desolaten Wirtschaftslage auch keine Gehaltserhöhungen mehr gegeben, die auch nur annähernd in der Nähe der Inflationsrate lagen. Und die Preise stiegen munter weiter. Aber das bildete ich mir natürlich alles nur ein, denn es wurde nach der Einführung des Euro ja nichts wirklich teurer.

Verbrachte ich meinen Urlaub also zu Hause. Auch gut. Gar nicht gut, ich hätte einen Tapetenwechsel vertragen können, wenn auch nur für ein paar Tage. Man sollte immer positiv denken, wenigstens musste ich nicht jeden Tag in die Firma fahren.

Veränderungen

Ich war in der Firma seit über 10 Jahren beschäftigt, und eigentlich war es ein guter Job. Aber vor einigen Monaten hatte man eine Niederlassung vom anderen Ende der Republik mit uns zusammengelegt und beschlossen, die Mitarbeiter von dort nach Berlin zu holen, wenn sie denn wollten. Es war immerhin eine Alternative zur Arbeitslosigkeit, so dass sich tatsächlich einige fanden. Völlig begeistert davon war nur die Führungsriege aus der mittleren Provinz, die plötzlich in der Hauptstadt den Boss spielen durfte.

Die Entscheidung fiel Hals über Kopf. Eines Tages rief uns unser Abteilungsleiter in den Konferenzraum und erklärte uns, dass die Abteilung ab morgen einen neuen Chef haben würde. Er selbst sei auch versetzt worden und würde ab sofort eine andere Aufgabe wahrnehmen. Dabei kämpfte er mit den Tränen, was wir unangenehm berührt ignorierten.

Am nächsten Tag kam dann der neue Chef. Er war schon öfter bei uns gewesen, aber vom Fußvolk hatte bisher noch niemand mit ihm zu tun gehabt. Typ junger, dynamischer Manager, im teuren Zwirn und so von sich selbst überzeugt, dass es mit Arroganz nur unzureichend beschrieben werden konnte. Er gab sich jovial und betont freundlich, obwohl jeder den rücksichtslosen Selbstdarsteller hinter der Maske erkannte. Es gab wohl niemanden in der Abteilung, der nicht schockiert war.

Seine erste Amtshandlung bestand darin, dass er verkündete, mit jedem von uns persönlich sprechen zu wollen. Er wollte uns kennen lernen und erfahren, was unsere Aufgaben in der Abteilung waren. Wenig später verschickte er an jeden Gesprächstermine per Email, die vom Grundtenor trotz der eingesprenkelten höflichen Floskeln eher an einen Befehl als an eine Einladung erinnerten.

Mein Termin rückte bald näher. Ich erstellte eine Liste mit meinen Aufgaben und begab mich in die Höhle des Löwen. Dort wurde ich mit aufgesetzter Freundlichkeit empfangen. Ebenso freundlich ließ ich mich auf das kurze Geplänkel ein. Wir sprachen über dies und das, und kamen schließlich auf die Arbeit. Ein großer Teil meiner Aufgaben wurde immer noch freundlich als nicht wirklich nötig abgekanzelt.

Das Budgetcontrolling der Abteilung beispielsweise, das ich vor einigen Jahren als Notlösung konzipierte und seitdem verwaltete, wäre völlig überflüssig, da diese Zahlen auch aus der Buchhaltung zu erhalten sein. Ich erklärte, dass die Buchhaltung bis heute nicht in der Lage sei, die Daten in der nötigen Art und Aufschlüsselung zur Verfügung zu stellen, so dass eine vernünftige Auswertung damit möglich wäre, und dass das einstige Provisorium daher heute die detailliertesten Berichte über die Marketingausgaben lieferte, die die Firma je gesehen hatte. Es interessierte ihn nicht. Als ich wieder in mein Büro kam, war ich mehr oder weniger arbeitslos.

Zunächst dachte ich noch, ich würde andere Aufgaben zugeteilt bekommen, schließlich gab es mehr als genug zu tun. So wurde es mir jedenfalls angedeutet. Daraus wurde aber nichts. Zum Glück kannte ich mich nach fast 10 Jahren gut in der Firma aus und wusste, wo etwas zu erledigen war. Ich konnte mich also beschäftigen. Einige Aufgaben hatte ich ja auch noch, auch wenn sie nicht wirklich den Tag füllten. Meine vorsichtigen Versuche, auf meine Verfügbarkeit hinzuweisen und meine Unterstützung bei Projekten anzubieten, wurden ignoriert oder sogar brüsk abgewiesen.

Entsprechend panisch wurde ich innerlich, denn derartiges Mobbing konnte nur eines bedeuten. Allerdings feierte ich bald mein 10jähriges Firmenjubiläum, und das bedeutete eine sehr viel längere Kündigungsfrist. Ich war mir sicher, wenn sie mich vor die Tür setzen wollten, dann würde das vorher passieren.

Nach endlos quälenden Monaten kam der Tag schließlich. Ich wurde vom Chef und der Personalabteilung beglückwünscht und erhielt eine lächerliche Prämie, denn auch die war im Laufe der vergangenen Jahre mitgeschrumpft und hatte inzwischen nur noch symbolischen Wert. Wenige Tage später ging ich einigermaßen erleichtert in Urlaub.

Gekündigt

Die Begeisterung hielt sich in Grenzen. Wieder früh aufstehen und in die Firma fahren. Ich hatte im Urlaub endlich mal wieder etwas entspannen können. Das mulmige Gefühl hatte sich zwar in den letzten Tagen wieder gemeldet, aber im großen und ganzen war ich recht erholt.

Der Tag begann wie immer. Die Kollegen waren froh, mich wieder zu sehen, ich machte mich an die Arbeit. Am späten Vormittag wurde ich in die Personalabteilung bestellt. Dort wurde mir mit großem Bedauern meine Kündigung überreicht. Ich war fassungslos. Noch vor zwei Wochen hatte man mir zum Jubiläum gratuliert. Einen triftigen Grund für die Kündigung konnte man mir nicht nennen. Es war eben eine „betriebsbedingte", das läge nicht an meiner Person oder der Leistung. Am selben Tag erhielt noch eine weitere Kollegin aus der Abteilung ebenfalls die Kündigung.

Durch die lange Betriebszugehörigkeit betrug meine Kündigungsfrist jetzt mehrere Monate statt Wochen, ich hatte also Zeit, mich mit dem Gedanken anzufreunden und mich auf Arbeitssuche zu begeben. Nach dem der erste Schock abgeklungen war, trieben mich allerdings andere Gedanken um. Dummerweise war die Wirtschaftskrise gerade auf dem Höhepunkt, oder sollte ich lieber sagen, die Wirtschaft in der Talsohle. Die Zahl der Arbeitslosen war auf 5 Millionen gestiegen, die Zahl der offenen Stellen dagegen auf ein historisches Tief gefallen. Ich war gerade vierzig geworden, alleinstehend und hatte vor über zwanzig Jahren nicht studiert, sondern lieber was ordentliches gelernt, was damals noch nicht verwerflich war. Meine Chancen, eine neue Arbeit zu finden, standen schlecht.

Wie war das noch mit der Sozialauswahl? Es gab in der Abteilung diverse Kollegen, die jünger waren, studiert und damit eine formal bessere Qualifikation hatten, und noch nicht so lange dabei waren. Einige davon hatten sogar einen Ehepartner, der eine Arbeit hatte, und keine Kinder. Natürlich wollte ich niemanden rausschmeißen, aber es war offensichtlich, dass hier keine Auswahl stattgefunden hatte. Außerdem bedingt eine betriebliche Kündigung, dass keine Arbeit da ist, um mich weiter zu beschäftigen. Dummerweise war aber genug Arbeit da, die Kollegen stöhnten täglich, dass sie der Menge nicht mehr Herr wurden, und waren dankbar für jede Unterstützung.

Einige Tage später ging ich zum Chef, der es nicht für nötig gehalten hatte, mir die Kündigung persönlich zu übergeben. Ich teilte ihm mit, dass genug Arbeit vorhanden und eine Kündigung aus betrieblichen Gründen daher nicht gerechtfertigt war. Es interessierte ihn nicht. Ich frage nach den Kriterien der vorgeschriebenen sozialen Auswahl, da ich diese nicht nachvollziehen konnte. Es interessierte ihn nicht. Ich war raus. Das machte er mir kühl aber eindeutig klar. Ich hatte von ihm nichts zu erwarten. Den Rest meiner Zeit hat er mich ignoriert. Er wollte mich nur loswerden. Ich habe erst später erfahren warum und dass es kein Zufall war.

Unsere Firma war mit über hundert Mitarbeitern keine ganz kleine Klitsche. Ich fragte daher in der Personalabteilung nach Möglichkeiten der Versetzung. Es gäbe keine andere Arbeit wurde mir beschieden. Ich vereinbarte einen Termin mit dem Betriebsrat, und erörterte die Lage. Zumindest dort war man der Ansicht, dass es genug Arbeit im Unternehmen gibt und ich als gelernte Kauffrau universell einsetzbar war. Der Betriebsrat widersprach der Kündigung.

Ich hatte keine Wahl. Ich brauchte diese Arbeit zumindest so lange, bis ich eine neue gefunden hatte, und das konnte dauern.

Kommen sie in ein paar Monaten wieder

Zunächst musste ich zum Arbeitsamt, denn wenn ich mich nicht innerhalb von wenigen Tagen meldete, käme ich meinen Pflichten nicht nach und das hätte finanziell unangenehme Folgen.

Ich war verpflichtet, mich umgehend beim Arbeitsamt zu melden wurde mir in der Personalabteilung mitgeteilt. Was ist umgehend? Innerhalb von 3 Kalendertagen sagte die Personalabteilung. Andererseits kann man sich frühestens drei Monate vor dem Ende des Arbeitsverhältnisses arbeitslos melden, muss dies aber spätestens drei Monate vor dem Ende des Arbeitsverhältnisses machen. Wenn man es erst später erfährt, dann eben umgehend, siehe oben. Soweit die Auskunft auf den diversen Internetseiten des Arbeitsamtes.

Wenn man wie ich also rechtzeitig von der drohenden Arbeitslosigkeit wusste, musste man also zum dreimonatigen Stichtag erscheinen? Wie berechnet man den und wie zählen die Wochenenden? Da ich es hier mit einer öffentlichen Verwaltung zu tun hatte, beschloss ich, das Denken in dieser Richtung lieber einzustellen, und dem Rat der Personalabteilung zu folgen. Je früher, desto besser. Die Firma musste mich für diesen Gang freistellen und die Vorstellung, morgen früh gleich wieder herkommen zu müssen, war nicht sehr erfreulich. Also gleich morgen früh, umgehender geht nicht.

Ich recherchierte im Internet, welches Arbeitsamt überhaupt für mich zuständig war. Ändert sich ja öfter mal mit den diversen Reformen, und wenn man sich nicht ständig dort melden muss, kann man schon mal den Überblick verlieren. Die Eingabe meiner Postleitzahl reichte aus, um meinen „Partner vor Ort" ausfindig zu machen. Sogar telefonisch war der Partner zu erreichen, eine 0180er Nummer stand auch gleich dabei. Der Anruf würde auch nur 3,9 ct/min (Mobilfunkpreise abweichend) kosten. Ein

Schnäppchen für jemanden, der womöglich nicht weiß, wie er mit dem sehr viel niedrigerem Arbeitslosengeld künftig die Miete zahlen soll. Da traf es sich gut, wenn man eine Telefonflatrate hatte und wegen einer Sondernummer trotzdem noch mal für ein Ortsgespräch draufzahlen musste. Die Wirtschaft war bei der ehemaligen Behörde angekommen, wie man Geld verdient hatte sie zumindest schon verstanden.

Der Link auf die Seite der zuständigen Arbeitsagentur lieferte auch gleich übersichtlich die Öffnungszeiten. Nur leider für die übergeordnete Agentur, aber nicht für die eben angezeigte Geschäftsstelle, die für mich zuständig war. Ich beschloss, dass diese Zeiten auch für die Geschäftsstelle gelten müssten. Interessanterweise wichen die Kontaktzeiten der Dienststelle von diesen Öffnungszeiten ab. Wie denn Mitarbeiter zu kontaktieren sind, wenn man die Durchwahlen nicht herausgibt und die Zentrale leider, leider nicht direkt durchstellen kann stand dort leider nicht. Aber auch diese Erfahrung machte ich erst viel später.

Ich war erleichtert, dass das Arbeitsamt nicht in der schlechtesten Gegend war. Ich hatte nach meiner Ausbildung schon einmal das zweifelhafte Vergnügen, dort vorstellig werden zu müssen und denke noch heute mit Schrecken daran zurück.

Ich begab mich also schnellstmöglich in das gutbürgerliche Viertel, in dem das Amt, pardon, die Agentur residiert. Arbeitsämter gab es ja inzwischen nicht mehr, sie wurden umstrukturiert und firmierten nun als Agentur. Das klang vornehmer und ich war nun auch kein Bittsteller bei einer Behörde mehr, ich war nun Kunde, den man möglichst zuvorkommend und effizient bedienen wollte.

Das Gebäude war nicht schwer zu finden, ein Parkplatz dagegen schon. Dabei war ich nicht in der City, sondern in einem weit davon entfernten Wohnviertel am helllichten Tag. Aber irgendwo gibt es immer eine Lücke und immerhin regnete es nicht, so dass ich beim langen Fußmarsch wenigstens nicht nass wurde.

Die Agentur war nicht zu verfehlen. Nicht, das das Gebäude so markant oder riesig war, nein, aber die Klientel, die davor herumhing, war schon von weitem nicht zu übersehen. Ich überlegte kurz, ob ich nicht doch in Kreuzberg gelandet war. Deutsche schienen eindeutig in der Minderzahl. Es standen Frauen mit Kinderwagen herum, die wie ihre männlichen Pendants nicht redeten, sondern sich regelrecht anschnauzten, wenn nicht gar anschrien. Oder ins Handy brüllten. Und wenn man überhaupt Deutsch hörte, so erinnerte das Gesprochene auch höchstens entfernt daran. Das Rätsel vor der Eingangstür war schnell gelöst. Im selben Gebäude war, wenn auch in unterschiedlichen Stockwerken, das ehemalige Sozialamt untergebracht. Die Leistung nannte sich nun Arbeitslosengeld II, auch als Harz IV bekannt.

Ich überquerte den Vorplatz und stellte mich im Foyer brav an, um zu einem der Mitarbeiter hinter dem Tresen vorgelassen zu werden, die eher an eine Bank erinnerten. Es ging erstaunlich flott, und schon nach nur kurzer Wartezeit war ich zum Tresen vorgedrungen. Er ging mir bis zur Brust und schien geeignet, die „Kunden", denen die Arbeitsagentur nach eigener Aussage so gerne dienen wollte, auf sichere Distanz zu halten.

Ich trug mein Anliegen vor, mein Name wurde notiert und ich wurde zu einer Wartezone im oberen Stockwerk geschickt. Dort fand ich einen weiträumigen aber dennoch viel zu kleinen Wartebereich mit viel zu wenigen Stühlen, in dem viel zu viele Kunden dicht gedrängt ihres Schicksals harrten. Ich wandte mich an die Dame, die hinter dem dortigen Tresen stand. Ich solle eine Nummer ziehen, wurde ich barsch beschieden. Ich suchte also nach einem vom Eingang aus gesehen gut versteckten Automaten, zog brav eine Nummer und wartete. Gelegentlich wurde eine

Nummer aufgerufen und jemand durfte zum Tresen vortreten. Meine Nummer verriet mir, dass es ein langer Tag wird.

Nach etwa 2 Stunden war ich endlich an der Reihe und durfte an den Tresen. Wieder trug ich mein Anliegen vor. Ich wurde wie in der Schule abgefragt, ob ich alle Papiere dabeihatte. Dann erhielt ich einen Antrag, den ich ausfüllen sollte, bis ich von einem Berater aufgerufen würde. Das war im Stehen gar nicht so einfach. Zumindest konnte ich mir von einem ebenso frustriert dreinblickenden Mitwartenden einen Kugelschreiber ausleihen, denn die werden am Tresen natürlich nicht zur Verfügung gestellt, es könnte ja einer verschwinden. Ich wünschte mich in die Südsee.

Nach einer weiteren guten Stunde geschah dann tatsächlich das Wunder: ein Sachbearbeiter tauchte auf und flüsterte meinen Namen. Vermutlich hat er in normalem Ton gesprochen, aber das kam auf der anderen Seite des großen, vollbesetzten Wartebereichs natürlich nicht an. Man musste schon höllisch aufpassen, dass man das nicht verpasst, denn wenn man mehrmals aufgerufen werden musste, klangen die Mitarbeiter schon etwas irritiert.

Der Sachbearbeiter sah sich meine Unterlagen an und stellte fest, dass ich erst in einigen Monaten arbeitslos werden würde. Da könne ich mich noch nicht arbeitslos melden, das gehe frühestens drei Monate vorher. Ich wandte ein, dass ich gesetzlich verpflichtet wäre, mich „umgehend" bei der Arbeitsagentur zu melden, sobald ich meine Kündigung erhielt, und dieses umgehend üblicherweise mit „innerhalb von 3 Tagen" definiert wird.

Nichtsdestotrotz wurde ich abgewiesen. Man sei gerade mitten in der Umstrukturierung, ich müsste auch gar nicht so früh kommen. Es reiche völlig, wenn ich mich Mitte Januar arbeitslos melde. Ich war zum 31. Januar gekündigt. Es war September.

Nach insgesamt etwa vier Stunden Wartezeit in unerfreulicher Gesellschaft wurde ich also unverrichteter Dinge wieder entlassen. Meiner Bitte, meinen Besuch in irgendeiner Form zu dokumentieren, damit ich im Zweifelsfall nachweisen konnte, meiner Pflicht nachgekommen zu sein, wurde nicht stattgegeben. Ich wurde unverrichteter Dinge wieder vor die Tür gesetzt.

Anwalt

Ich brauchte einen Anwalt. Die fand man garantiert im Telefonbuch, aber woher wusste ich, welcher der richtige für mich war? Ich fragte bei den Kollegen herum, zu denen ich einen guten Draht hatte, und tatsächlich, jemand konnte (natürlich vertraulich) einen Anwalt empfehlen, der bereits mehrere ehemalige Mitarbeiter der Firma vertreten hatte. Ich war nämlich beileibe nicht die einzige, die man einfach mal kurz vor die Tür gesetzt hat.

Schnell war ein erster Termin gemacht, und ich war gespannt. Mich empfing ein freundlicher, sympathischer Herr. Als ich sagte, um welche Firma es sich handelt, nickte er. Ja, die kenne er bereits. Das mache die Sache einfacher, da er auch diverse Interna bereits kannte. Er ließ sich den Fall ausführlich schildern, fragte nach und machte Notizen. Die Vorgehensweise passe ins Bild, das er bereits von meiner Firma hätte, und wie üblich wurde das offenbar mal einfach so entschieden, ohne auf die Konsequenzen oder Vorschriften zu achten. Rechtlich ziemlich eindeutig, die Chancen ständen gut, die Fakten sprächen für mich.

Ich ging erleichtert nach Hause und ließ ihn den Widerspruch zu meiner Kündigung schreiben. In der Firma wurde mir selbstverständlich versichert, dass ich nicht die geringste Chance hätte, damit durchzukommen. Ich fragte mich, warum dann all die anderen Mitarbeiter, die man schon früher unsanft vor die Tür gesetzt hatte, vor Gericht eine nette Abfindung erhalten hatten.

Wir reichten Klage auf Rücknahme der Kündigung ein. Ich wollte den Job natürlich nicht wirklich, denn nach allem, was bisher passiert war, wollte ich eigentlich keinen einzigen Tag mehr dorthin. Aber ich hatte keine Wahl. Eine neue Arbeit war nicht in Sicht und die Wahrscheinlichkeit, dass ich bald eine finden würde, war in Anbetracht der Wirtschaftslage gleich null. Die Firma beziehungsweise mein neuer Chef wollten mich loswerden.

Hoffentlich um jeden Preis, denn es würde vermutlich auf einen Vergleich hinauslaufen. Dann sollte zumindest eine angemessene Abfindung dabei herauskommen.

Die Situation auf Arbeit wurde nicht besser. Ich saß herum und drehte Däumchen. Jeder Versuch, meinem Chef etwas Arbeit abzutrotzen, schlug fehl. Ich werde doch wohl nicht andeuten wollen, ich hätte nichts zu tun, wurde ich mit drohendem Unterton gefragt. Selbstverständlich nicht! Ich klaubte zusammen, was ich an Beschäftigung finden konnte, um den Tag herumzubekommen. So konnte ich mich zwischendurch immer mal wieder wenigstens mal für eine Stunde beschäftigen.

Bewerbungsunterlagen

Es half nichts, ich musste mich auf Arbeitssuche begeben, egal, was vor Gericht passieren würde. Ich nahm mir meine alten Unterlagen vor und stellte einen Lebenslauf zusammen. Ich überarbeitete ihn mehrmals, stellte um, sortierte neu, prüfte auf Lücken und endete mit einem Entwurf, der mir zusagte.

Ich besorgte mir Literatur und Bewerbungsratgeber, denn in den letzten Jahren hatte sich bestimmt einiges getan. Schaden würde es nicht. Aber mir wurde schnell klar, dass wie so oft viele Köche den Brei verderben. Jeder sagte etwas anderes, vieles widersprach sich. Am Ende war ich deprimierter als vorher, denn mir war spätestens jetzt klar, dass ich es nie allen recht machen konnte, egal was oder wie ich es machte. Einig waren sich die Ratgeber nur in einem: sauber und fehlerfrei sollten die Unterlagen sein, die man einem potentiellen Arbeitgeber schickt. Großartig, da wäre ich allein nicht drauf gekommen!

Sollten die vorherigen Arbeitsstellen chronologisch in aufsteigender oder absteigender Reihenfolge aufgelistet werden? Das war wohl eher eine Frage des persönlichen Geschmacks, solange der Überblick gegeben war. Ich entschied mich dafür, meinen letzten Arbeitgeber als erstes anzugeben. Nicht nur, dass ich dort am längsten war, das war ja auch das aktuellste, was ich an Erfahrung vorweisen konnte. Welchen Arbeitgeber interessiert schon als erstes brennend, wo ich vor 20 Jahren nach meiner Ausbildung die erste Anstellung gefunden habe?

Sollte man ab einem gewissen Alter das Geburtsdatum nicht mehr erwähnen? Oder sollte man wie in angelsächsischen Ländern generell darauf verzichten? Ab wann sollte man es dann lieber weglassen? Das kam offenbar auf die Branche an. Generell galt man ab 40 offenbar als Fossil, in einigen Branchen auch schon mit 35 Jahren. Es soll Leute geben, die mit 30 schon auf die Rente hinfiebern und sich auch dementsprechend verhalten. Ich war etwas über 40, fühlte mich aber noch ganz munter. Kein Personalchef ist so dumm, einen interessanten Bewerber durchrutschen zu lassen, wenn der Lebenslauf jahrzehntelange Berufserfahrung hergibt, nur weil das Geburtsdatum fehlt. Er wird das kleine Einmaleins beherrschen und im Zweifel nachrechnen können. Es machte also nicht wirklich einen Unterschied, sondern dem Empfänger höchstens mehr Arbeit. Das ist das letzte, was ich will, denn darüber freut er sich bestimmt nicht. Ich wurde geboren, jawohl!

Schwieriger war die Sache mit den Kenntnissen und Fähigkeiten. Was sollte man angeben und was nicht? Welche Sprachen ich spreche gehörte selbstverständlich hinein, ebenso, dass ich am Computer fit war und alle gängigen Programme beherrschte. Das konnte man wohl als Voraussetzung für meinen Beruf ansehen.

Aber was war mit anderen Dingen? Alles was über das übliche hinausgeht, ist sicher eine zusätzliche Qualifikation. Aber schreckt das nicht potentielle Arbeitgeber ab, wenn ich mich für weniger qualifizierte Jobs bewerbe? Stichwort Überqualifikation. Damit falle ich sofort durchs Raster. Andererseits könnte das im richtigen Umfeld durchaus ein entscheidender Faktor sein. Es war mir lieber, für überqualifiziert als dumm gehalten zu werden. Letztendlich war ich die Summe meiner Erfahrungen. Daran änderte sich nichts, egal, wofür ich mich bewarb.

Am Ende des langen Prozesses sortierte ich noch meine Zeugnisse und machte mich mit allem auf den Weg ins Copycenter. Auch das nächste Kaufhauses und der nächste Schreibwarenladen wurden auf brauchbare Mappen und passenden Umschläge durchforstet.

Ich war startklar.

Reisekostenerstattung

Die Arbeitsagentur unterstützt den Arbeitssuchenden (man ist heutzutage natürlich nicht mehr einfach arbeitslos) in jeder Hinsicht bei der Arbeitssuche. Unter anderem übernimmt sie die Kosten zu auswärtigen Bewerbungsgesprächen.

Voraussetzung dafür ist allerdings, dass man arbeitslos gemeldet ist. Mein bisheriger Versuch, dies zu tun, war aber kläglich gescheitert, das Arbeitsamt wollte einfach noch nichts von mir wissen. Da ich nicht registriert war, erhielt ich auch keine Leistungen.

Dumm also, wenn man schnell ein Vorstellungsgespräch bekommt. Das hat man davon, wenn man sich gleich intensiv auf Arbeitssuche begibt und tatsächlich einen Arbeitgeber für sich interessieren kann.

Ich musste also die Fahrtkosten zu meinem ersten Gespräch selber tragen. Ich konnte Sie ja bei der nächsten Steuererklärung absetzen, welche Erleichterung. Beim Arbeitsamt hätte ich sie allerdings in entstandener Höhe zurückbekommen, während das Finanzamt lediglich mein zu versteuerndes Einkommen um den entsprechenden Betrag senkt. Vorausgesetzt, ich kann Werbungskosten nachweisen, die den Pauschalbetrag auch übersteigen. Wenn nicht, schaue ich in die Röhre. Von Zurückbekommen kann da irgendwie keine Rede sein.

Also begab ich mich an einem sonnigen warmen Oktobertag in mein Auto und fuhr in die Heide. Die Firma befand sich in einem kleinen idyllischem Kaff. Der Besitzer der ebenso kleinen Firma begrüßte mich freundlich, wir plauderten über vieles und sogar über die zu besetzende Stelle, aber mir war schon im Gespräch klar, das aus diesem Job nichts werden würde. Trotzdem nutzte ich die Gunst der Stunde und genoss den schönen Tag in vollen Zügen bevor ich abends zurückfuhr.

Endlich registriert

Inzwischen war es Mitte November. Natürlich wollte ich nicht erst 2 Wochen bevor ich auf der Straße stehe beim Arbeitsamt, pardon, der Arbeitsagentur auftauchen. Der Illusion, dass diese ineffiziente ehemalige Behörde es schaffen könnte, innerhalb derart kurzer Zeit über die mir zustehenden Leistungen zu entscheiden, gab ich mich nicht hin.

Die Prozedur begann also wieder von vorne. Ich wartete wieder fast 2 Stunden bis ich zu einem Sachbearbeiter vordrang. Dieser registrierte nun endlich die Meldung meiner bevorstehenden Arbeitslosigkeit. Immerhin stellte er fest, dass ich bereits früher schon einmal kurzfristig arbeitslos war und ging meine Angaben durch. Die Branche eines ehemaligen Arbeitgebers, eines Finanzdienstleisters, war aus unerklärlichen Gründen mit Sicherheitsdienst angegeben, da hatte wohl jemand gewürfelt. Da es schon einen kleinen Unterschied zwischen zum Beispiel einer Bank und einem Wachdienst gibt, wurden die Angaben korrigiert und ergänzt, denn mit falschen Angaben kann ich nicht effektiv vermittelt werden.

Der Sachbearbeiter versorgte mich mit allen nötigen Formularen, die ich von meinem Arbeitgeber ausfüllen lassen musste, und erklärte mir, dass ich zur Einreichung des Antrags einen persönlichen Termin bräuchte, den ich unter einer 0180er Telefonnummer bekäme. 0180er Nummern sind kostenpflichtige Sondertelefonnummern, die nicht zum regulären Telefontarif abgerechnet werden. Wie viel dieser Anruf kostete, konnte er mir leider nicht sagen. Warum ich den Termin nicht einfach bei der zuständigen Agentur machen konnte, zu der ich ja ohnehin musste, auch nicht.

Ich zog wieder von dannen, überreichte der Dame in der Personalabteilung am nächsten Tag ein Formular, und machte mich daran, das andere ordnungsgemäß und gewissenhaft auszufüllen. Nach wenigen Tagen kam auch die Bescheinigung zurück. Damit waren alle nötigen Unterlagen komplett, so dass ich die mir genannte Telefonnummer anrief um einen Termin zu vereinbaren. Mir wurde ein Termin fast drei Wochen später zugeteilt. Alternativ wurde mir ein noch späterer Termin angeboten. Mir schauderte bei dem Gedanken, ich hätte tatsächlich dem Rat des ersten Sachbearbeiters befolgt und mich erst zwei Wochen vor dem Kündigungstermin registrieren lassen. Ich gab meine Unterlagen also drei Wochen später ab.

Schon wenige Tage später erhielt ich ein Schreiben der Agentur, in dem man mich bat, zweieinhalb Wochen später zu einem Berater zu kommen. Mindestens eine Woche vorher sollte ich meine Bewerbungsunterlagen abgeben, damit sich der Berater auf das Gespräch vorbereiten konnte. Der wollte sich eine Woche auf meinen Termin vorbereiten? Ich staunte. Ich war zum Kunden geworden! Leider stand gleich darunter noch eine Rechtsfolgenbelehrung, was meine Freude darüber gleich wieder verfliegen ließ.

Aus Sicht der Arbeitsagentur war diese Rechtsfolgenbelehrung natürlich verständlich. Auf mich wirkte das aber ebenso verständlich trotzdem so, als ob man mir, obwohl noch nicht mal arbeitslos, grundsätzlich erst mal Renitenz unterstellte. Das fing ja gut an. Mit was für Leuten warfen die mich als bisher unbescholtenen Steuer- und Abgabenzahler in einen Topf, nur weil ich unverschuldet meinen Arbeitsplatz verloren hatte? Ich dachte lieber nicht darüber nach.

Kleinkrieg

Die Situation auf Arbeit wurde immer schlimmer. Mein Vorgesetzter ignorierte mich weiterhin, die Kollegen bemitleideten mich und Arbeit gab es inzwischen kaum noch. Ich konnte es den Kollegen kaum übel nehmen, sie hatten schlicht Angst, mir Arbeit zu überlassen, denn sie fürchteten die Folgen. Sie mussten ja noch dableiben. Das einzig Positive war, dass mich mein Chef nicht aktiv mobbte. Ich existierte für ihn nicht, war einfach Luft. Er grüßte mich nicht mal. Darauf verzichtete ich gerne.

Jeder andere Mitarbeiter, der vor mir an die Luft gesetzt wurde, wurde sofort freigestellt, musste umgehend seinen Schreibtisch leeren und wurde zum Tor begleitet. Hatte man Angst vor Racheakten? In mir sah offenbar niemand eine Bedrohung, denn ich wurde und wurde nicht freigestellt, was selbst meinen Anwalt wunderte.

Der setzte sich unterdessen mit der Firma auseinander. Obwohl ich 10 Jahre meine Arbeit ordentlich erledigt hatte, stellte mich die Geschäftsleitung, die bisher selten länger als ein Jahr blieb, als unfähig dar. Wie hatte ich es nur die ganze Zeit geschafft habe, dass meine Unfähigkeit nicht früher aufgefallen war? Allein das deutete schon auf nicht völlige Unfähigkeit hin, aber damit konnte ich schlecht argumentieren. Ich widerlegte brav alle Argumente, was meinen Anwalt vermutlich freute, denn er erhielt die Texte fast druckreif und musste sie nicht einmal selber formulieren.

Inzwischen war ich mit meinen Nerven am Ende. Den ganzen Tag nichts tun ist stressig, besonders wenn alle anderen um einen herum vor lauter Arbeit nicht wissen, wo ihnen der Kopf steht. Es ist unheimlich anstrengend, beschäftigt auszusehen, wenn man eigentlich gar nichts zu tun hat. Ich konnte ja schlecht ein Buch auf meinen Schreibtisch legen. So räumte ich also Papier von rechts nach links und wieder zurück oder ähnlich sinnvolles und wartete darauf, dass der Tag endlich endete. Wenn ich dann nach Hause kam, schaffe ich es oft nicht einmal, den Fernseher anzustellen.

Im Dezember war es endlich soweit. Offenbar hatte der gegnerische Anwalt seinem Mandanten zu verstehen gegeben, dass man mich doch endlich freistellen solle, sonst erwecke man womöglich noch den Eindruck, man würde mich tatsächlich brauchen. Wenige Tage vor Weihnachten folgte dann endlich die Erlösung, ich wurde nach Hause geschickt und mir wurde mitgeteilt, dass ich nicht wiederkommen bräuchte. Ich war mir sicher, dass der Termin Absicht war.

Wirklich besser ging es mir danach aber auch nicht. Die Feiertage einschließlich Familientreffen überstand ich irgendwie, aber danach fiel ich in ein großes Loch. Statt im Büro saß ich nun zu Hause herum und machte nichts. Ich wollte niemanden sehen und zog mich in mein Schneckenhaus zurück. Ich war depressiv und wollte auch nicht noch meine Freunde damit belästigen. Die ertrugen meine Klagen schon seit Monaten und ich sah keine Besserung meiner Laune in naher Zukunft.

Stellenangebote waren um diese Jahreszeit noch seltener als sonst und die Bewerbungsaktivitäten hielten sich mangels Möglichkeiten in Grenzen. Das hob nicht gerade meine Stimmung. Zumal ich den Gerichtstermin Anfang Februar noch vor mir hatte. Davor graute es mir.

Beraten und verkauft

Nun stand also das Treffen mit meinem Arbeitsberater an. Brav hatte ich die Bewerbungsunterlagen abgegeben und harrte nun der Dinge, die da kamen. Ich wurde freundlich begrüßt und erfuhr, dass der rundliche Herr, der mich soeben empfing, der für mich zuständige und damit mein persönlicher Mitarbeiter war. In allen Dingen meine Arbeitssuche betreffend würde er mir zur Seite stehen und mich unterstützen. Für Fragen, die ich zwischendurch haben könnte, erhielt ich seine Durchwahl und Email-Adresse. Ich war positiv überrascht, das hatte ich nicht erwartet. Aber auch dieser Gemütszustand dauerte nicht lange.

Der rundliche Herr stellte fest, dass ich schon über 40 bin, und halbierte daraufhin erstmal die Anzahl der von mir zu erbringenden angemessen Bewerbungsnachweise. Ich hatte keine Ahnung, was angemessen war in den Augen des Arbeitsamtes, pardon der Arbeitsagentur, geschweige denn, was davon dann die Hälfte war. Mit mehrmaligem, penetranten Nachfragen konnte ich ihm entlocken, dass er nur etwa 20 Bewerbungen pro Monat von mir erwartete. Ich war geschockt. Das Studium der Stellenanzeigen in den vergangenen Wochen hatte nur sehr wenige freie Stellen in meinem Bereich zu Tage gefördert, so dass ich mich generell schon auf allgemeine Büroarbeit beworben hatte. Aber auch dort konnte ich beim besten Willen nicht annähernd so viele freie Stellen finden, es sei denn, ich wollte mich als „Empfangssekretärin mit erster Berufserfahrung" empfehlen. Das hatte ich bisher natürlich nicht getan, da ich für eine derartige Stelle nicht annähernd den gewünschten Anforderungen entsprach. Bewerbungen kosteten Geld und das wuchs bei mir nicht auf dem Balkon. Als demnächst Arbeitsloser wollte ich es verständlicherweise nicht sinnlos zum Fenster rauswerfen.

Der rundliche Herr erklärte mir freundlich, dass es nicht darauf ankam, wo oder als was ich mich bewarb. Ich könnte also auch außerhalb meines Reviers wildern. Wenn ich mich als Schlosser bewerben würde, wäre das auch egal, Hauptsache ich brächte den Nachweis darüber. Das das bei fünf Millionen Arbeitslosen natürlich völlig zwecklos sei, wäre traurig, aber nicht zu ändern. Ich vermutete, es wäre auch bei Vollbeschäftigung sinnlos, denn ich hatte weder Ahnung von der Arbeit eines Schlossers, noch irgendwelche Erfahrung überhaupt mit handwerklichen Tätigkeiten, aber das sagte ich vorsichtshalber nicht laut.

Aber ich würde ja einen Teil der Bewerbungskosten von der Arbeitsagentur zurückbekommen. Ganze 5 Euro pro Bewerbung würde man mir erstatten, bis zu einem Höchstbetrag von 260 Euro im Jahr. Er gab mir ein Formular dafür, das ich zusammen mit meinen gesammelten Belegen einreichen sollte. Die Arbeitsagentur verlangte also „nur" 240 egal wie unsinnige Bewerbungen im Jahr von mir, erstattete mir für 52 davon gnädigerweise die Kosten, und wollte mir das auch noch als Wohltat und Unterstützung verkaufen. Ich war sprachlos.

Es kam noch besser. Arbeitsangebote hätte er für mich leider keine, sagte der rundliche Herr, und auch keine Hoffnung, dass in absehbarer Zeit welche verfügbar seien. Ich müsste also selbst suchen. Welche Überraschung! Glaubte er wirklich, ich würde zu Hause auf die tollen Angebote der Agentur warten ohne eigene Anstrengungen zu unternehmen?

Ich fragte noch nach Weiterbildung oder Qualifizierung, denn da ich in meinem Alter offenbar schon als schwer vermittelbar galt und mich auf eine längere Arbeitssuche einstellen musste, könnte ich mir ja vielleicht in der Zwischenzeit Kenntnisse aneignen, die meine Chancen auf eine Arbeit etwas erhöhten.

Aber Fehlanzeige, gab es nicht. Dafür erhielt ich einen Vermittlungsgutschein. Damit konnte ich zu einem Arbeitsvermittler meiner Wahl gehen, der dann intensiv einen Arbeitgeber für mich suchen würde, und im Erfolgsfall von der

Agentur eine Provision erhielt. Eine Liste mit möglichen Vermittlern erhielt ich gleich dazu.

Zum Schluss musste ich noch eine so genannte Zielvereinbarung unterschreiben. Dort wurde festgehalten, was ich machen musste, um eine neue Arbeitsstelle zu finden, und was das Arbeitsamt dazu beitrug. Würde ich nicht unterschreiben, hätte das finanzielle Folgen für mich, sprich, mein mir aus jahrelang erbrachten Leistungen entstandener Anspruch, für den ich über Jahre hinweg teuer bezahlt hatte, würde gekürzt. Man könnte es auch Nötigung nennen. Die Vereinbarung lief darauf hinaus, dass ich viele Pflichten und die Arbeitsagentur viele Rechte hatte.

Regelmäßig melden müsste ich mich übrigens nicht, es reichte, wenn ich alle 3 Monate vorspräche. Wenn man ein Arbeitsangebot für mich hätte, würde ich benachrichtigt werden. Klasse, da fühlte ich mich doch gleich besser! Hatte ich Hoffnung?

Damit war ich entlassen.

Alles da und immer noch nicht genug

Nach dem deprimierenden Treffen mit meinem Arbeitsvermittler stand wenige Tage später die Abgabe meines Antrages bei der Leistungsabteilung an. Ich brachte den ausgefüllten Antrag und die geforderten Formulare mit, dazu vorsichtshalber auch alle weiteren Unterlagen, die ich bisher vorgelegt hatte oder die auch nur im entferntesten relevant sein könnten. Und tatsächlich, die ebenfalls nette Dame wollte doch tatsächlich noch ein Stück Papier, das nicht da war. Es stand nicht auf der Liste der benötigten Unterlagen und wurde bisher nicht auch nicht erwähnt. Es stellte sich heraus, dass es aufgrund falscher Angaben in der EDV nicht angefordert wurde. Welche falschen Angaben? Hatte ich mit dem Sachbearbeiter nicht beim ersten Termin in einer langen Sitzung alles durchgesehen, ergänzt und wenn nötig geändert? Es stellte sich heraus, dass die „falschen" Angaben genau die waren, die geändert wurden. Oder auch nicht. Denn dummerweise war von der Änderung nun keine Spur zu finden, so dass die falschen Angaben nach wie vor im System standen.

Ich musste die fehlenden Unterlagen also nachreichen. Darauf ließ sich die resolute Dame allerdings nicht ein. Da der Antrag ohne dieses Papier ohnehin nicht bearbeitet werden konnte, sollte ich alles komplett einreichen, wenn die Unterlagen vollständig waren. Ich protestierte, da ich auch auf diesen Termin bereits 3 Wochen gewartet hatte. Sie meinte, den bräuchte ich nicht, ich könnte ja alles in den Hausbriefkasten werfen.

Und wieder war ich sprachlos. Mir wurde explizit gesagt, dass eine Abgabe des Antrags nur persönlich mit Termin möglich ist. Dann hätte ich den Antrag auch schon vor drei Wochen einwerfen können. denn fertig ausgefüllt war er ja. Was wäre dann passiert? In diesem Fall hätte ich ein Schreiben erhalten, in dem mir mitgeteilt würde, welche Unterlagen noch fehlen.

Na Klasse! Das hätte ich dann schon vor zwei Wochen gewusst und die benötigten Unterlagen längst besorgen können. Es ist ja nicht so, dass ich absichtlich den Eingang und damit die Bearbeitung meines Antrags boykottieren wollte. War das vielleicht die Absicht der Agentur? Wohl kaum, denn sie hätte davon keinen Vorteil. Im schlimmsten Fall müsste sie die Leistungen nachträglich zahlen, dass verursachte erhöhten Bearbeitungsaufwand, was ja kaum gewollt sein konnte. Wurde ich langsam paranoid? Ich hoffte nicht.

Die freundliche Dame verabschiedete mich. Ich machte mich auf die Jagd nach dem verlangten Stück Papier, warf den kompletten Antrag wenige Tage später in den Hausbriefkasten und harrte der Dinge, die da kamen. Und sie kamen bald.

Informationsveranstaltung

Sie kamen in Form eines weiteren Schreibens, in dem ich aufgefordert wurde, an einer Informationsveranstaltung teilzunehmen. Auch hier folgte wieder die bereits bekannte Rechtsfolgenbelehrung auf dem Fuße.

Ich begab mich also am fraglichen Tag zu einer Adresse im tiefsten Kreuzberg, wo ich mich in einem viel zu kleinen Schulungsraum mit etwa 40 ebenfalls Arbeitslosen - pardon, ich meinte natürlich Arbeitssuchenden – wiederfand. Wie in den Fluren der Arbeitsagentur war der Großteil offenbar nichtdeutscher Herkunft, viele sprachen mit starkem Akzent, nicht wenige beherrschten die deutsche Sprache nicht wirklich fließend und einige radebrechten sie eher.

Die Veranstaltung begann zu spät, die Veranstalter waren offenbar etwas überfordert, da das Arbeitsamt zu viele Leute geschickt hatte. Die Firma bot uns ihre individuelle Betreuung beim Bewerbungsprozess für ganze drei Monate an. Ein Ausloten der Möglichkeiten, Hilfe bei der Optimierung der Bewerbungsunterlagen und, noch viel wichtiger, die Vermittlung. Man hatte nämlich Kontakte zu vielen Arbeitgebern und würde sich persönlich für uns einsetzen. Das ganze wurde uns garniert mit Schaubildern präsentiert. Auch hätte man einen Raum mit PCs, die wir zusätzlich während der dreimonatigen Betreuungsphase zu den Geschäftszeiten nutzen könnten, um unsere Bewerbungen sauber zu drucken, oder im Internet nach Stellen zu suchen.

Der Clou kam zum Schluss. Leider hätte man nur 25 Plätze frei, so dass man nicht alle annehmen könnte. Es wurden entsprechende Verträge verteilt, die wir ausfüllen und unterschreiben sollten. Man würde uns dann in einigen Tagen benachrichtigen, ob wir genommen würden. Es war wie eine Verkaufsveranstaltung bei einer Kaffeefahrt, nur das ich bei einer

Kaffeefahrt die Wahl gehabt hätte, ob ich daran teilnehmen möchte.

Ich fühlte mich wie im falschen Film. Ich war gekommen, um mich über was auch immer informieren zu lassen und sollte nun plötzlich einen Vertrag unterschreiben. Das ich das eventuell nicht wollte war den Veranstaltern völlig unverständlich. Schließlich war es ein tolles Angebot und es kostete mich auch nichts. Ich hätte ja nur Vorteile.

Den Teufel würde ich tun. Zumal ich als Kauffrau gelernt habe, dass für einen Vertrag immer zwei Parteien nötig sind. Wenn diese zwei Parteien einen Vertrag schließen, sind sie daran gebunden, da kann man nicht hinterher sagen April, April. Ich überlegte ernsthaft, ob der Abschluss eines Vertrages, der vorsätzlich gebrochen werden soll, eine Straftat sein könnte. Rechtens konnte es jedenfalls nicht sein, wenn es mit Vorsatz geschieht. Die Angelegenheit war höchst unseriös. Ich nahm den Vertrag mit, um mir das genauer anzusehen, mehrere andere Teilnehmer machten das ebenfalls.

Am nächsten Tag stand ich wieder vor dem Arbeitsamt. Mein Sachbearbeiter war nicht da, man verwies mich stattdessen an eine freundliche Dame, die mich nach langem Warten empfing. Geduldig hörte sie meiner Schilderung der gestrigen Veranstaltung zu. Ich war empört über die unseriösen Praktiken der Vermittler, die keinen Zweifel daran ließen, dass eine Ablehnung dieses tollen Angebots unangenehme Folgen haben würde. Ich wies darauf hin, dass der größte Teil der dort versammelten Teilnehmer tatsächlich von den bescheidenen Dienstleistungen profitieren könnte, da viele offenbar nicht einmal die deutsche Sprache ausreichend beherrschten.

Meine Unterlagen hingegen waren sorgfältig überarbeitet, in fehlerfreiem Deutsch, und ich verbrachte den größten Teil des Tages vor meinem Computer, dessen Bedienung ich im Schlaf beherrschte. Auch das Internet war mir seit Jahren vertraut, so dass ich meine Arbeitssuche fast ausschließlich online durchführte, zumal das inzwischen die einzige effektive Möglichkeit war, überregionale Stellenangebote zu finden.

Sie war sehr interessiert an dem Vertrag, den ich mitgebracht hatte. Sie hatte nämlich noch nie einen gesehen und wollte gerne wissen, was genau drinsteht. Wie konnte es sein, dass Mitarbeiter der Arbeitsagentur nicht wussten, was sie ihren Kunden da "verschrieben"? Waren sie nicht - zumindest theoretisch - dafür zuständig, ihren Kunden zu Lohn und Brot zu verhelfen? Und dann kannten sie nicht einmal die Maßnahmen, mit denen sie gerade jene Kunden oft völlig grundlos und ebenso zwecklos traktierten?

Ich überließ ihr den Vertrag gerne, nachdem sie mir zusicherte, dass mir aus der Nichtinanspruchnahme dieser unschlagbar tollen Dienstleistung keine Nachteile entstehen würden. Natürlich nicht schriftlich.

Vor Gericht

Der große Tag rückte näher. Nicht, dass ich ihn wirklich herbeisehnte, aber ich wollte gerne einen Schlussstrich unter diese Angelegenheit ziehen. Nachdem monatelang diverse Schriftsätze hin- und hergingen, ich als völlig unfähig und nutzlos dargestellt wurde, und die Firma auch beim Schlichtungstermin kein Angebot machte, trafen wir uns also nun vor Gericht.

Die Richterin hatte die vielen Papiere studiert und hörte die Argumente beider Parteien. Die Firma, für die ich jahrelang gute Arbeit geleistet hatte, war keinen Argumenten zugänglich. Es war allen Beteiligten klar, dass ich dort nicht mehr arbeiten würde. Der Richterin gelang es schließlich, den Vertreter zu einem Vergleich zu bewegen, so dass ich wenigstens eine Abfindung bekam. Ich war frei.

Glücklich war ich deshalb noch lange nicht. Meine Situation hatte sich nicht gebessert und eine neue Arbeit war auch nach monatelanger intensiver Suche nicht in Sicht. Aber mir fiel ein Stein vom Herzen. Zumindest der Druck war weg, ich konnte wieder durchatmen.

Am Tag nach meiner Gerichtsverhandlung und dem rechtskräftig geschlossenen Vergleich wurde meine Stelle am schwarzen Brett der Firma neu ausgeschrieben. Unter der Hand war sie bereits an eine Kollegin aus einer anderen Niederlassung vergeben, die gerne nach Berlin wollte. Sie soll einen guten (es wurde gemunkelt intimen) Draht zur Geschäftsleitung gehabt haben. In die Stadt gezogen war sie zu diesem Zeitpunkt bereits, eine Woche später fing sie an.

Stellenbörse des Arbeitsamtes

Ganz wichtig sei auch die Stellenbörse, die das Arbeitsamt anbietet, sagte mein ganz persönlicher Berater. Da dies ein wichtiger Baustein der Zielvereinbarung war, sah ich mir die Sache selbstverständlich genau an. Der Arbeitsvermittler hörte sich an, als müsse man sich dort nur eine Stelle aussuchen. Erstaunlich, das es trotzdem so viele Arbeitslose gab.

Finden ließ sich die Börse relativ leicht. Auch eine Suchfunktion gab es. Ich gab also meine Berufsbezeichnung ein und fieberte erwartungsvoll den Ergebnissen entgegen. Die wenigen Angebote waren von Zeitarbeitsfirmen. Offenbar war meine Qualifikation nicht wirklich gefragt. Also suchte ich allgemeiner nach Stellen im Büro. Die Auswahl wurde groß und größer und bestand wieder hauptsächlich aus Zeitarbeitsfirmen. Diese suchten eigentlich alles und jeden, wozu zugegebenermaßen auch meine Qualifikation passte.

Ich fragte mich allerdings, nach welchen Kriterien die Suchmaschine funktionierte. Mehrere weitere Versuche bestätigten meinen Verdacht. Die präsentierten Ergebnisse hatten mit den eingegebenen Suchbegriffen nur in Ausnahmefällen etwas zu tun, und auch dann musste man schon sehr großzügig sein, um einen Zusammenhang zu erkennen. Ich probierte verschiedene Suchbegriffe, Regionen und Bundesländer. Die Ergebnisse waren schlicht unbrauchbar, denn sie hatten mit den gesuchten Begriffen kaum etwas zu tun. Was sollte ich damit?

Waren meine Ansprüche vielleicht zu hoch? Bei fünf Millionen Arbeitslosen musste man doch über jeden Job froh sein. Sollte ich lieber in Erwägung ziehen, als Straßenkehrer oder bei einer Fastfoodkette zu arbeiten? Für ersteres war ich vermutlich entweder über- oder gar nicht qualifiziert (was sind da die

Einstellungsvoraussetzungen?), mit letzterem konnte ich meine monatlichen Kosten garantiert nicht decken. Keine gute Idee.

Obwohl ich auch gerne mal was anderes machen würde (man ist ja flexibel), musste ich die Situation realistisch einschätzen. Ich besaß eine bestimmte Ausbildung und erworbene Qualifikation, die ich auch nachweisen konnte. Bei der fatalen Lage auf dem Arbeitsmarkt hatte ich nur dann eine Chance auf Arbeit, wenn ich das vermarktete, was ich auch kann. Also blieb ich im Büro, denn das konnte ich und darin war ich sogar gut.

Blieb immer noch das Problem der fehlenden Stellenangebote. Ich suchte von Anfang an bundesweit, schließlich war ich flexibel. Das freute die Arbeitsagentur, gleichzeitig war es aber für sie auch selbstverständlich. Ich schrieb Bewerbungen auf alle möglichen Stellen, von denen ich annahm, ich könnte sie ausfüllen. Quer durch die Republik. Hätte ich mich nur auf die nähere Umgebung konzentriert, hätte ich gar nicht anfangen brauchen, denn dort gab es so gut wie keine Angebote. Trotzdem war die Ausbeute mager. Vermutlich hatten die Unternehmen genug eigene Arbeitslose vor der Haustür, da interessierten sie sich nicht für Kandidaten von weit her, wenn es sich nicht gerade um eine Führungsposition handelte. Zugegeben, wenn ich von hunderten Bewerbungen überschwemmt werden würde, ich würde auch erst einmal die Kandidaten in der Umgebung abklopfen.

Trotzdem gelangt es mir, im Laufe der Monate hier und da ein Vorstellungsgespräch zu ergattern, die meisten davon naturgemäß außerhalb meiner eigenen Stadt.

Absurdistan

Gute zwei Monate waren vergangen und ich fand in meinem Briefkasten eine Vorladung zu einem mir bis dahin unbekannten Arbeitsberater. Ich ging zum vereinbarten Zeitpunkt und musste mich doch trotz Termins hinten anstellen. Nach längerer Wartezeit, die jeden Arzt vor Neid erblassen ließe, durfte ich das geheiligte Arbeitszimmer betreten.

Er kam gleich zur Sache: warum ich mich bisher noch nicht gemeldet hätte? Weil der Kollege mir gesagt hat, ich bräuchte nur alle drei Monate vorsprechen und die seien noch nicht vorbei. Das konnte natürlich nicht sein und war der Reaktion meines Gegenübers nach offenbar eine grobe Pflichtverletzung meinerseits, die ich vorsätzlich begangen hatte. Ich war verwirrt. Ich hatte mich an die Aussagen des Kollegen gehalten, was war daran verkehrt? Vermutlich nur, dass ich sie nicht schriftlich belegen konnte. Aber bei der Agentur wird einem außer offiziellen Bescheiden grundsätzlich nichts schriftlich bestätigt. So habe ich als „Kunde" immer Unrecht, denn die Agentur sitzt im Zweifelsfall am längeren Hebel.

Meine Renitenz hatte glücklicherweise keine Folgen. Der Berater ließ sich schildern, welche Bemühungen ich bisher unternommen hatte und war von dem schon recht gut gefüllten Ordner mit meinen Bewerbungen und der obenauf liegenden langen Liste beeindruckt.

Warum ich bisher fast nur Absagen bekommen hätte wollte er wissen. Ich war schon froh, wenn ich überhaupt eine Reaktion bekam, und manchmal sogar die Unterlagen zurück. Ich hätte doch wohl nachgefragt, woran es lag? Das hätte ich nicht? Auch das war scheinbar ein Vergehen. Wieder war ich sprachlos. Nun, ich müsste doch nachfragen, warum man mich nicht eingeladen hätte, doziert der Berater. Was hätte den Ausschlag gegeben, mich nicht für die

Stelle in Erwägung zu ziehen? Wenn ich das nicht wüsste, wie sollte ich die Schwachstellen in meinen Unterlagen finden, die dazu führten, dass ich aussortiert wurde?

Ich hatte große Schwierigkeiten, meine Gesichtszüge in neutraler Stellung zu halten und die Kinnlade an ihrem Platz. Hatte ich einen Arbeitgeber aus welchen Gründen auch immer am Telefon, was durchaus schon mehrfach vorkam, so habe ich selbstverständlich versucht, die Situation auszuloten.

Meiner bisherigen Erfahrung nach kamen auf eine Stellenausschreibung zurzeit zwischen 200 und 300 Bewerbungen, mit den die Personalabteilung überschwemmt wurde. Und da waren die Initiativbewerbungen noch nicht mal mitgerechnet, die jede Firma unaufgefordert erhielt. Würde auch nur die Hälfte der Bewerber anrufen, womöglich noch mehrfach, um sich nach dem Stand der Bewerbung oder dem Grund der Absage zu erkundigen, die Abteilung käme nicht mehr zum Arbeiten. Entsprechend beliebt waren solche Anrufer, die oft genug nicht einmal bis zur Personalabteilung vordrangen. Und wenn doch meist unwirsch abgefertigt wurden, denn sie sind der Albtraum eines jeden Mitarbeiters.

Aussortiert wurde meist von Praktikanten, die weder von der zu besetzenden Stelle eine genaue Vorstellung hatten, noch Kenntnisse im Personalbereich, und bei Rücksendung der Unterlagen Monate später oft schon nicht mehr im Unternehmen waren. Natürlich hat das niemand offen zugegeben, aber hinter vorgehaltener Hand waren das die Auskünfte, die man bei Gesprächen erhielt. Nicht einmal, so dass man es als Ausnahme abtun konnte, sondern wieder und wieder. Das deckte sich auch mit meinen eigenen Erfahrungen bei diversen Arbeitgebern, denn auch wenn man selbst nicht in der Personalabteilung arbeitete, sprach man doch hin und wieder mit dem einen oder anderen Kollegen.

Die Vorstellung, dass sich jemand an genau meine Bewerbung erinnern würde, sogar noch wusste, warum der Praktikant sie aussortiert hatte, und mir Tipps gab, wie ich es besser machen könnte, war völlig absurd. Offenbar hatte sich das noch nicht bis zur Arbeitsagentur herumgesprochen. Die lebte scheinbar in ihrer eigenen Welt, in der so etwas vor 20 Jahren vielleicht noch nicht ausgeschlossen war. Vielleicht war es auch nur noch nicht bis zu den Beratern durchgedrungen, denn die hatten keinen Kontakt mit den potentiellen Arbeitgebern.

Dafür war eine andere Abteilung zuständig, die den Kontakt hält und offene Stellen sucht oder sogar akquiriert. Diese Mitarbeiter wiederum hatten aber keinen Kontakt zu den Arbeitssuchenden. Denen wurde dann stattdessen ein Brief geschrieben, dass die Agentur sich freue, eine Arbeitsstelle vorschlagen zu können, man solle sich doch bitte bei Firma xy auf die Ausschreibung als ein was auch immer bewerben. Woraufhin natürlich die inzwischen hinreichend bekannte Rechtsbehelfsbelehrung folgte.

Daraufhin tat man gut daran, sich schnellstmöglich auf die ausgeschriebene Stelle zu bewerben. Das Arbeitsamt wollte dann nach einigen Wochen auch eine Rückmeldung, ob es geklappt hatte. Die konnte man auch online geben, wie praktisch, indem man sich mit seinem persönlichen Zugang einloggte, sich den Vorgang anzeigen ließ und seinen Kommentar eintrug. Meist trug man ein, dass die Firma sich nicht gemeldet hat. Dumm war nur, dass diese Angebote scheinbar oft von Firmen stammten, die auf Nachfrage niemanden mehr suchten, weil die fragliche Stelle bereits vor Monaten besetzt wurde. Oder aus einer Branche, die dafür bekannt war, Löhne zu zahlen, von denen der arbeitende Mensch nicht einmal seine Miete zahlen konnte.

Noch besser war allerdings die Variante, bei der die suchende Firma nicht identifiziert wurde. Da rief dann tatsächlich jemand vom Arbeitsamt beim Arbeitssuchenden an, schilderte ganz allgemein eine Firma und eine vermeintlich freie Stelle und forderte den Arbeitslosen auf, die Bewerbungsunterlagen an das Arbeitsamt zu seinen Händen zu schicken, auf dass er sie weiterleiten kann.

Da eine Nachfrage bei der unbekannten Firma natürlich nicht möglich war, und man nach einigen Wochen doch ganz gern die Unterlagen zurückhätte, versuchte man also stattdessen bei dem Mitarbeiter anzurufen, der die Unterlagen erhalten hatte. Das Callcenter teilte einem dann emotionslos mit, das dieser Mitarbeiter nicht in der Vermittlung arbeitete und man deshalb nicht durchstellen könne. Natürlich arbeitete er dort nicht, denn er war ja in der Akquirierung tätig. Aber zu dieser Abteilung konnte (durfte?) man Arbeitssuchende nicht durchstellen, da diese Abteilung keinen Publikumsverkehr hatte. Eine Durchwahl herauszugeben war daher auch nicht möglich.

Man hatte also seine Bewerbungsunterlagen auf explizite Aufforderung an die Arbeitsagentur zu einer Person geschickt, die nicht zu erreichen war, sich nicht meldete und hatte keine Ahnung, bei welcher Firma die Unterlagen, wenn überhaupt, gelandet waren. Gut, dass man nie wieder davon hörte! Hoffnungen, zumindest seine Unterlagen zurück zu erhalten, sollte man sich in solchen Fällen lieber nicht machen. Abhaken.

Von der Unmöglichkeit der Meldung

Tatsächlich gelang es mir trotz der desolaten Lage auf dem Arbeitsmarkt, das eine oder andere Vorstellungsgespräch zu ergattern. Damit begannen die Probleme erst richtig, denn einfach mal die Stadt verlassen ist nach den Regeln der Agentur für Arbeit strengstens verboten. Denn dann stand man dem Arbeitsmarkt ja theoretisch nicht mehr zur Verfügung. Da machte es keinen Unterschied, ob man eine Lustreise unternimmt, oder sich für eine Stelle vorstellt. Weg ist weg, basta.

Ich habe das in einem früheren Leben schon mal erleben dürfen, als ich auf Arbeitssuche war. Glücklich, einen Vorstellungstermin erobert zu haben, suchte ich damals meinen Berater auf, um ihm die freudige Mitteilung zu machen und ihm pflichtgemäß mitzuteilen, dass ich eine eintägige Reise in eine entfernte deutsche Großstadt antreten würde, um mich dort einem potentiellen Arbeitgeber vorzustellen. Er freute sich ehrlich für mich und fragte, ob ich mich schon abgemeldet hätte. Abgemeldet? Wieso denn das? Ich würde doch dem hiesigen Arbeitsmarkt nicht zur Verfügung stehen an diesem Tag.

Ich glaubte meinen Ohren nicht trauen zu können. Das hieß, ich meldete mich heute ab, fuhr morgen zur Vorstellung und kam übermorgen wieder und meldete mich wieder an. Richtig! Aber dann würde ich für den morgigen Tag kein Arbeitslosengeld erhalten, weil ich abgemeldet war. Wieder richtig! Ich überlegte also kurz und teilte dem Berater dann mit, dass ich die Stelle doch nicht so dringend bräuchte und lieber hier bleiben wollte. Ich könnte es mir nämlich nicht leisten, eine Arbeit zu suchen, wenn ich dadurch meine Miete nicht mehr zahlen könnte. Erst da schien ihm zu dämmern, dass das nicht wirklich besonders sinnvoll wäre.

Das hatte sich zum Glück inzwischen geändert. Heutzutage ist die Agentur so verzweifelt, pardon kundenfreundlich, dass man sich auch außerhalb bewerben darf. Es wurde sogar als selbstverständlich angesehen, dass man ortsungebunden war, wenn man nicht gerade pflegebedürftige Angehörige zu versorgen hatte. Alternativ wäre auch ein gutverdienender Ehepartner ein Hinderungsgrund, allerdings nur, wenn Kinder zu versorgen waren, denn ohne Kinder könnte man auch pendeln. Man erhielt sogar die Fahrtkosten erstattet, um einen Vorstellungstermin wahrzunehmen.

Hatte man die Registrierungshürde endlich überwunden, konnte man also auch bei der Bewerbung unterstützt werden. Voraussetzung war allerdings, dass man die Agentur vor Antritt der Reise darüber informierte und sich ein Formular aushändigen ließ. Auf diesem musste der potentielle Arbeitgeber, bei dem man sich vorstellte, dann bestätigen, dass man a) wirklich da war und b) er die Fahrtkosten nicht erstattete (wozu er eigentlich verpflichtet wäre). Dieses und ein weiteres, auf dem die Kosten der Fahrt abgerechnet wurden, reichte man hinterher bei der Agentur ein und erhielt die verauslagten Kosten ersetzt. Soweit die Theorie.

In der Praxis war der gemeine Arbeitslose äußerst flexibel. Und Arbeitgeber waren es heutzutage oft ebenso. Da rief dann der Personalchef einer Firma nachmittags auf dem Handy an. „Ich habe heute Ihre Unterlagen auf den Tisch bekommen. Eigentlich sind wir mit den Gesprächen schon fast durch, aber wir würden Sie gerne auch noch kennenlernen. Könnten sie morgen kommen? Ich weiß, es ist sehr kurzfristig, aber sie sind doch zurzeit zu Hause ...“ Selbstverständlich konnte man es einrichten. Bitte nur nicht so früh, denn man musste ja am Vormittag erst mal anreisen und bei 600km dauerte das ein paar Stunden.

Als mir das zum ersten Mal passierte, rief ich kurzerhand beim Arbeitsamt an, um meiner Meldepflicht nachzukommen. Mein Berater ging einfach nicht ans Telefon. Also wählte ich stattdessen die Zentrale an und landete im Callcenter. Dort fragte man mich erst einmal nach der Stadt, aus der ich komme. Mir schwante Böses.

Auch die Nennung des zuständigen Arbeitsamtes einschließlich des Namens meines persönlichen Betreuers war zwecklos, denn verbinden kann man mich leider, leider nicht. Der Kollege ginge nicht ans Telefon. Komisch, den Eindruck hatte ich auch, denn sonst würde ich ja nicht in der Zentrale anrufen. Man würde ihm eine E-Mail schreiben, dass er sich bei mir melden solle. Meine Abwesenheitsmeldung entgegennehmen könnte man auch nicht, das ginge nur bei der Geschäftsstelle. Zu der könnte man mich aber nicht verbinden, da man auch nicht wüsste, welcher Mitarbeiter denn vielleicht noch zuständig sein könnte. Das verstand ich vollkommen, denn am anderen Ende der Republik ist das schwer festzustellen. Das gelang mir nicht mal in derselben Stadt, da ich ja niemanden erreichte. Womit sich die Frage nach dem Huhn und dem Ei stellte.

Es war nach diversen vergeblichen Versuchen inzwischen nach vier Uhr und die Wahrscheinlichkeit, noch jemanden zu erreichen, gleich null. Morgen früh persönlich vorsprechen ging wegen der langen Anreise auch nicht, da ich in aller Frühe fahren musste.

Nun, die E-Mail Adresse hatte ich auch. Ich schrieb also eine Mail an meinen „persönlichen" Berater und teilte ihm mit, dass ich kurzfristig eine Reise unternehmen würde zwecks Vorstellungsgespräch. Die Mail kam als unzustellbar wieder zurück, auch weitere Versuche schlugen fehl. Ich schickte sie in meiner Verzweiflung an die im Internet gelistete allgemeine info@-Adresse meiner zuständigen Agentur und war ziemlich sicher, dass sie im Nirwana verschwand.

Fahren oder bleiben? Ich entschied mich für Fahren. Ich orderte online ein Bahnticket und bezahlte mit Karte. Ein Ticket für den Sprinter von Berlin nach Frankfurt einschließlich Platzreservierung war sehr günstig, da ich so kurzfristig buchte.

Das Benzin für das Auto hätte mehr gekostet, ich war also sparsam. Der Zug brachte mich hin, die öffentlichen Verkehrsmittel chauffierten mich zum Gespräch und wieder zurück, ein weiterer Sprinter nahm mich am späten Nachmittag wieder mit nach Hause. Zwischendurch führte ich ein nettes Gespräch und fiel kurz vor Mitternacht erschöpft in mein Bett.

Am nächsten Tag stand ich wieder vor der Arbeitsagentur. Ich wollte mein Vorstellungsgespräch nachträglich melden und die Kosten zur Erstattung einreichen. Böse Blicke am Empfang bedeuteten mir, dass ich das eigentlich nicht hätte machen dürfen, ohne mich vorher zu melden. Konnte das Konsequenzen haben? Mein Berater war nicht da. Eine Vertretung? Unbekannt. Ich hatte auch keinen Termin (mit wem auch?), das ging gar nicht. Nun, mit einem abwesenden und nicht zu erreichenden Berater konnte ich keinen Termin vereinbaren, mit einer mir nicht bekannten Vertretung auch nicht. Ich wollte auch keinen Termin in 3 Wochen, ich wollte die Angelegenheit klären, jetzt sofort, da ich das Verhalten der Agentur unmöglich fand.

Man sollte meinen, es ist ihre Aufgabe, meine Stellensuche zu boykottieren, statt mich dabei zu unterstützen. Ich hatte das Gefühl, ich müsste mich dafür entschuldigen, ein Vorstellungsgespräch an Land gezogen und dann auch noch die Dreistigkeit besessen zu haben, es tatsächlich wahrzunehmen.

Wir erinnern uns: Flexibel zu sein hat der Arbeitssuchende, von der Agentur war nicht die Rede. Die hatte ja auch kaum Pflichten, dafür aber umso mehr Rechte.

Schließlich wurde ich nach langen Diskussionen doch noch zu einem Berater geschickt – konnte dauern ohne Termin – und durfte die geheiligten Hallen betreten. Wieder wartete ich mehrere Stunden, bis ich zu einer Dame vordrang. Sie hörte sich die Geschichte an und meinte, ich hätte eigentlich gar nicht fahren dürfen.

Ohne Abmeldung hätte ich gar keinen Versicherungsschutz gehabt, wenn da was passiert wäre! Und da ich mich unerlaubt aus der Stadt entfernt hätte, müsse man mir eigentlich die Leistung für diesen Tag kürzen. Und Fahrtkosten nachträglich, wo die Fahrt doch gar nicht genehmigt war? Der Arbeitgeber hätte ja auch das Formular nicht ausgefüllt - wie auch, denn das ich hätte ich vorher holen müssen, was mir ja nicht möglich war. Vorschriften eben. Oh Gott, oh Gott! Wieso kam mir das nur so bekannt vor?

Allerdings hatte sie für meine Situation Verständnis, meine einzige Alternative wäre gewesen, das Gespräch abzulehnen. Keine gute Idee, die Arbeitsstellen lagen schließlich nicht auf der Straße. Nach vielem Hin und Her beschlossen wir, in Anbetracht der ernsten Lage (meiner und der des Arbeitsmarktes) einen Versuch zu wagen. Die Dame trug meine Reise nachträglich in den Computer ein, vermerkte, warum ich mich nicht vorher melden konnte, und ich erhielt das benötigte Formular. Ich schickte es zum Arbeitgeber nach Frankfurt und ließ es ausfüllen, was zum Glück problemlos funktionierte. Danach reichte ich es mit den Fahrtkosten zusammen ein. Es dauerte einige Wochen, aber sie wurden tatsächlich ohne Abzug erstattet. Glück gehabt!

Bewerbungskostenerstattung

Ich hatte dutzende von Bewerbungen geschrieben. Die Kosten dafür konnte ich mir bis zur Höchstgrenze von der Agentur erstatten lassen. Auch eine Erstattung in Teilbeträgen war möglich. Voraussetzung dafür war, dass ich die Bewerbungen nachweisen kann. Eine Kopie des Anschreibens reichte nach Aussage meines ganz persönlichen Beraters nicht, der Arbeitgeber musste schon geantwortet haben. Nach einigen Wochen hatte ich bereits einige Antworten, auch wenn viele Entscheidungen noch ausstanden.

Ich nahm mir also wie geheißen das entsprechende Formular vor und füllte es gewissenhaft aus. Ich trug die Firmen in die beigelegte Liste ein und legte Kopien der verlangten Nachweise bei. Nachdem ich alles penibel zusammengetragen hatte, brachte ich den Antrag persönlich zum Arbeitsamt und gab ihn am Eingangstresen ab.

Nur wenige Wochen später erhielt ich Post von der Arbeitsagentur. Ich rechnete mit der Erstattung der Bewerbungskosten und erlebte eine böse Überraschung, denn der Antrag wurde abgelehnt. Begründung: die Frist für die Erstattung begann erst mit Einreichung des Antrags zu laufen, die beigelegten Nachweise waren vor diesem Termin datiert. Im Klartext bedeutete das, ich hätte meinen Antrag am besten gleich bei Meldung meiner Arbeitslosigkeit einreichen müssen, um die danach angefallenen Bewerbungskosten erstattet zu bekommen. Da ich ihn erst jetzt eingereicht hatte, begann die Jahresfrist erst mit dem Tag der Abgabe zu laufen.

Der Berater hätte mir das eigentlich sagen müssen, stattdessen hatte er mich falsch instruiert. Großartig! Also alles noch mal von vorn. Ich war begeistert. Was das für fatale Folgen haben würde, war mir zu diesem Zeitpunkt noch nicht klar.

Eines war mir inzwischen klar geworden: Glaube niemandem etwas, schon gar nicht den Leuten bei der Arbeitsagentur. Ihr einziges Ziel war es scheinbar, mir Steine in den Weg zu legen, während ich mir den Allerwertesten aufriss, um eine Arbeit zu finden. Wurde ich paranoid? Mitnichten, es nennt sich Erfahrung, aus der man bekanntlich klug wird. Ich war inzwischen sehr viel klüger als vor meiner Arbeitslosigkeit. Auch wenn mir das noch keine Arbeit gebracht hatte, hatte ich doch neue Erkenntnisse gewonnen. Positive waren leider nicht dabei, was eine depressive Grundtendenz meiner Gedanken leider verstärkte.

Vermittlungsgutschein

Auch ich hatte also den ominösen Vermittlungsgutschein von der Agentur erhalten, von dem ich vorher schon so viel gehört hatte. Es schien das Ei des Kolumbus zu sein, wenn man den Jubelveröffentlichungen der Arbeitsagentur Glauben schenkte. Ganz verstanden hatte ich die Aufregung nicht. Da war das Arbeitsamt nicht in der Lage, seinen gesetzlichen Pflichten nachzukommen, die ich mit meinen Pflichtbeiträgen finanzierte, und kam stattdessen auf die grandiose Idee, die Aufgaben zum größten Teil auszulagern, neudeutsch „Outsourcing" genannt. Sollte einem Vermittler tatsächlich gelingen, was eigentlich Aufgabe der Agentur war, nämlich einem Arbeitslosen eine neue Stelle zu vermitteln und dieser behielt den Job tatsächlich einige Monate lang, so erhielt der Vermittler dafür eine Prämie. Auch die wurde dann natürlich von den Zwangseinzahlern zusätzlich finanziert, bisher also auch von mir.

Aufwand konnte die Agentur damit eigentlich nicht sparen, denn der Papierkrieg war gewaltig. Schließlich hatte jeder Arbeitslose Anspruch auf diese Dienstleistung, musste das Prinzip erklärt und einen Gutschein ausgehändigt bekommen. Auch musste er sich deshalb nicht weniger oft bei seinem Arbeitsvermittler melden, so dass dieser damit auch keine Arbeitszeit einsparte. Man könnte höchstens argumentieren, dass ein weiterer Vermittler die Chancen auf eine möglichst schnelle und erfolgreiche Vermittlung erhöhte. Ob das Ergebnis den doch recht hohen Aufwand rechtfertigte, wagte ich zu bezweifeln.

Als Dreingabe zum Gutschein gab es eine Liste der Agenturen, die mich also vermitteln sollten. Wenn ich zwischen den Zeilen der Aussagen des Arbeitsvermittlers korrekt gelesen hatte, dann würden sich alle diese Agenturen vermutlich um mich reißen, und nichts besseres zu tun haben, als mir schnellstmöglich eine Arbeit zu besorgen. Sie würden sich richtig ins Zeug legen. Was nicht wirklich meine (natürlich unausgesprochene) Frage beantwortete, warum es dann immer noch so viele Arbeitslose gab, wenn es doch so einfach war. Interessanterweise hatte mein Berater nichts von qualifizierter Arbeit gesagt. Ja, ich kann zwischen den Zeilen lesen.

Ich ging erst mal ins Internet und rief die Adressen auf, die neben den meisten der Agenturen aufgeführt waren. Schon der erste Blick war abstoßend. Die meisten dieser Vermittler hatten eine aus Versatzstücken zusammen gezimmerte Homepage, die nicht einmal einen annähernd professionellen Eindruck machte. Das hätte jeder Praktikant besser hinbekommen.

Allen gemeinsam war, dass sie Ihre Kompetenz, Erfahrung und Kontakte priesen. Um das zu unterstreichen, blinkte es auf den Seiten zum Teil wie wild, zumindest aber wurden viele verschiedene Schriften und Schriftgrößen in diversen Farben bemüht, um diese Botschaft zu transportieren.

Ging man dann auf die entsprechende Seite, wo die verfügbaren Arbeitnehmer aufgeführt waren, las sich das wie ein Gemischtwarenladen. Da waren in meist zwangloser Reihenfolge, sprich ungeordnet, Friseusen, Schlosser, Hilfsarbeiter, Verkäufer, Facharbeiter, Ingenieure und Kaufleute aufgeführt. Irgendeine Spezialisierung oder auch nur Ordnung war nicht zu erkennen. Dafür gab es unzählige Ausrufezeichen und gern auch riesige Schriften, die wohl die enorme Wichtigkeit der Agentur/Dienstleistung/ja was eigentlich symbolisieren sollten. Wäre ich Arbeitgeber, hätte mich das sofort abgeschreckt. Einen seriösen Eindruck machte das auf mich jedenfalls nicht.

Nach meinen Erfahrungen bei der Informationsveranstaltung wunderte mich das allerdings nicht mehr. Die Arbeitsagentur schien weniger daran interessiert, ihre Kunden in Arbeit zu vermitteln, als daran, diese unangenehme Aufgabe an windige Geschäftemacher auszulagern.

Weltreise

Hurra, ein neues Vorstellungsgespräch! Natürlich nicht zu Hause, das wäre auch zu einfach. Am Bodensee! Nur 750 Kilometer einfache Strecke, das macht einen Tag hin, einen zurück und mindestens eine Übernachtung. Wenigstens war der Termin diesmal nicht kurzfristig, so das ich mich zumindest vorher beim Arbeitsamt melden konnte. Dort freute man sich ehrlich für mich und wünschte mir viel Glück.

Ich machte mich also einen Tag vor dem großen Ereignis auf die Socken. Der Weg zog sich, ich machte hin und wieder eine Pause, es gab den obligatorischen Stau - kurzum, ich benötigte natürlich länger als geplant und war tatsächlich erst spät da. Ich hatte ein bescheidenes Zimmer in einer Pension nicht allzu weit von der Firma entfernt reserviert, die mich eingeladen hatte, dem Internet sei Dank.

Am nächsten Morgen machte ich mich auf den Weg. Es warteten noch einige anderer Bewerber, es war ganz offensichtlich eine ganze Gruppe eingeladen worden. Also Assessment. Es gab eine regelrechte Veranstaltung, in der uns die Firma vorgestellt wurde und auch wir uns vorstellen sollten. Es hatte eher Seminarcharakter und fühlte sich nicht wie ein klassisches Vorstellungsgespräch an. Für Verpflegung war zum Glück ebenfalls gesorgt, denn im Industriegebiet war als ortsunkundiger Besucher nicht so schnell Nahrung zu finden.

Ich stellte fest, das ich entgegen meiner Erwartung nicht die längste Anreise hatte, es war noch eine weitere Kandidatin aus Mecklenburg-Vorpommern da, die tatsächlich noch ein Stück weiter gefahren war. Alles in allem war die Stimmung gut und entspannt, auch unter den Bewerbern. Es gab auch Einzelgespräche im Laufe des Tages und am Ende wurden einige potentielle Kandidaten ausgewählt, die man am nächsten Tag noch einmal treffen wollte. Erfreut stellte ich fest, das ich meinen Aufenthalt in der sehr einfachen Pension noch um eine Nacht verlängern musste.

Ich kehrte also zurück und genoss für den Rest des Abends noch die Sonne und das gute Wetter, das, wie aus dem Wetterbericht bekannt, im Süden der Republik doch meist deutlich schöner war als zu Hause in Berlin. Die Vorstellung, eventuell so weit wegzuziehen, war schon etwas beängstigend, auch, da ich hier keine Menschenseele kannte, aber ich war schon immer abenteuerlustig und die Firma gefiel mir auch. Vielleicht hatte ich endlich Glück?

Am nächsten Morgen ging das "Seminar" weiter. Leider kam ich dann nicht mehr in die engere Wahl und konnte gegen Mittag gehen. Allerdings, und das war ungewöhnlich, gab es ein Abschlussgespräch, bei dem mir auf Nachfrage sogar gesagt wurde, warum ich nicht in die engere Wahl kam. In diesem Fall war es meine Reaktion auf eine Übung, bei der es um Pro und Contra Direktmarketing ging.

Ich hatte in meinem bisherigen Leben im Marketing unzählige Anrufe von leider meist dummdreisten Menschen erhalten. Die wollten entweder einfach nur frech meinen Chef sprechen ("es ist privat", ja klar!), oder verkündeten arrogant, die Angelegenheit, die so wichtig und vertraulich war, dass Sie mir nicht einmal verraten konnten, worum es überhaupt ging, sie könne nur mit ihm persönlich besprochen werden. Allen war eines gemeinsam: sie verstanden gar nicht, wieso ich sie nicht einfach mal schnell durchstellen wollte ("es dauert auch nicht lange"). Ich wurde nicht schlecht dafür bezahlt, meinem Chef genau solche Leute vom Hals zu halten.

Entsprechend wenig begeistert war ich von derartigem Direktmarketing und bevorzugte andere Wege, den Bekanntheitsgrad und die Verkäufe von Produkten oder

Dienstleistungen zu erhöhen. Leider sah man das in der Firma anders und so konnte man sich dann doch nicht mit mir anfreunden. Es fanden sich noch andere Bewerber, die diese Skrupel nicht teilten. Trotzdem war das Gespräch nach wie vor freundlich und ich ging zum ersten Mal nicht mit einem Knoten im Magen aus einem Vorstellungsgespräch. Allein das machte die Reise schon zu einem Erlebnis.

Die Heimreise war ebenso lang und langweilig wie die Hinfahrt, aber letztendlich landete ich wohlbehalten wieder zu Hause.

Wozu haben sie mich eingeladen?

Eine erneute Einladung zu einem Vorstellungsgespräch, dieses Mal quasi gleich um die Ecke. Eine scheinbar seriöse Kanzlei suchte jemanden für Büroarbeit. Die Adresse war in einer Nebenstraße des Kurfürstendamms. Pünktlich stand ich um 17 Uhr im angemessenen Kostüm vor der Tür. Die Gehilfin ließ mich ein und packte ihre Sachen, während der Chef mich in sein Büro führte. Die Begrüßung war freundlich, die ersten Fragen auch. Allerdings kam ich langsam ins Grübeln. Üblicherweise wird man ja nach dem Werdegang gefragt, warum man meint, für die Stelle geeignet zu sein oder soll von sich erzählen. Hier kam ich allerdings selten zu Wort.

Mein Gegenüber sezierte meinen Lebenslauf akribisch, erklärte mir, was ihm hieran aufstieß oder dort nicht gefiel. Nachdem ich mir eine Viertelstunde lang ruhig angehört hatte, was genau ihm an meiner Qualifikation störte und warum, wurde mir die Sache zu bunt. Ich fragte höflich, warum er mich zu einem Vorstellungsgespräch eingeladen hatte, wo ich doch scheinbar seine Ansprüche an die zu besetzende Stelle nicht einmal ansatzweise erfüllte. Ja, er wollte mich halt trotzdem einmal persönlich kennen lernen.

Ich war verwirrt. Zu welchem Zweck bitte? Um mich einzustellen ja wohl offensichtlich nicht. Ich fühlte mich zwar in keiner Weise bedrängt, aber ziemlich unwohl. Um die Situation nicht völlig ins Absurde driften zu lassen, teilte ich ihm höflich mit, dass dieses Gespräch nun beendet war und verließ die Kanzlei.

Tagesausflug

Ich war zur Vorstellung eingeladen. Wieder kurzfristig für den nächsten Tag. Nach meinen traumatischen Erlebnissen bei der letzten Reise war ich vorsichtig. Zum Glück war der Termin erst nachmittags und nur zweieinhalb Stunden Fahrt entfernt. Ich fuhr also gleich früh am Morgen als erstes zur Arbeitsagentur, um diesmal ordnungsgemäß meiner Pflicht nachzukommen. Dort waren die Türen für mich wieder verschlossen: „Heute nur mit Termin" wurde mir beschieden, denn es war Mittwoch. Den hatte ich natürlich nicht. Woher hätte ich auch vor Wochen schon wissen sollen, dass einem potentiellen Arbeitgeber Dienstagnachmittag einfällt, dass er mich ausgerechnet heute sehen möchte. Ich fragte, wo ich meine Reise zu Protokoll geben kann, um meiner Meldepflicht nachzukommen. Schulterzucken. Der Wachdienst war nicht zuständig und wusste auch nichts. Interessierte ihn natürlich auch nicht, war ja nicht seine Aufgabe. Aber rein und damit bis zum Empfangstresen kam ich jedenfalls nicht, dazu hätte ich eine Terminvereinbarung vorlegen müssen.

Mir war zum Heulen. Ich würde trotzdem fahren, denn ich brauchte dringend Arbeit und da wollte mich jemand kennen lernen. Also wieder dasselbe Spiel.

Ich kurvte stundenlang auf Autobahnen, Land- und Nebenstraßen durch die Gegend, landete in der Walachei und führte dort wieder ein sehr nettes Gespräch, diesmal mit einer Dame, die die Personalchefin war. Leider war der Termin am späten Nachmittag und die Produktion hatte bereits Feierabend. Schade, denn es handelte sich um Maschinenbau, in dieser Branche hatte ich gelernt und hätte mir gerne das Werk angesehen. Aber wenigstens das Gespräch lief gut und ich schöpfte neue Hoffnung. Der Rückweg war nicht weniger beschwerlich, zumindest war ich so spät dran, dass ich in der Stadt nicht mehr im Feierabendverkehr landete.

Am nächsten Morgen wurde ich nach langer Diskussion wieder zu einer Vertretung meines Sachbearbeiters vorgelassen. Dabei erfuhr ich, dass mein „persönlicher" Berater langfristig erkrankt war und so schnell nicht zurückkommen würde. Wieder durfte ich mir vorwurfsvolle Blicke gefallen lassen. Man verstand meine Empörung voll und ganz, aber da könne man leider auch nichts machen. Das war nun mal Pech, dass ich ausgerechnet den Tag erwischt habe, an dem nur Termine empfangen werden. Als ob ich mir das ausgesucht hatte! Eine Lösung für künftiges Vorgehen oder gar die Möglichkeit, einen Mitarbeiter in solchen Fällen direkt zu erreichen, konnte man mir nicht anbieten, so viel Flexibilität war bei der Arbeitsagentur offenbar nicht eingeplant. Zumindest nicht bei nicht wirklich zuständigen Mitarbeitern. Einen richtig zuständigen Mitarbeiter hatte ich ja im Augenblick nicht. (Ich würde auch keinen mehr bekommen, was mich quasi zu einem Paria machte. Aber das sagte mir natürlich auch niemand.) Was ich in einer solchen Situation machen sollte, wusste natürlich auch niemand. Dieser Fall war einfach nicht vorgesehen.

Fazit: Die Arbeitslosen haben flexibel zu sein, und zwar um jeden Preis. Die Arbeitsagentur braucht selbstverständlich nicht flexibel zu sein, dafür hat sie ja Vorschriften. Sie kann höchstens gnädig sein und den Arbeitslosen keine Konsequenzen seines verwerflichen Tuns spüren lassen, das mindestens genauso verwerflich ist, wenn er es unterlässt. Vielleicht erstattet man ihm, selbstverständlich unter Berufung auf die unerträgliche Gnade, die ihm damit zuteil wird, sogar nachträglich die Kosten, wenn er genug bettelt. Vielleicht aber auch nicht, das hängt halt vom Sachbearbeiter ab, an den man zufällig gerät.

Um jeden Preis

Ein weiteres Vorstellungsgespräch. Diesmal kam die Einladung nach Frankfurt rechtzeitig und mit genügend Vorlaufzeit, um der Arbeitsagentur rechtzeitig Meldung zu machen.

Ich kämpfte also am Empfang wieder einmal mit unkooperativen Mitarbeitern, um meiner Pflicht nachkommen zu können. Nein, ich wollte keinen Termin in drei Wochen, denn dann wäre das auswärtige Vorstellungsgespräch, das ich melden wollte, ja schon vorbei. Ich war schließlich verpflichtet, es zu melden, bevor ich die Stadt verlasse. Es war nicht einfach, seiner Pflicht nachzukommen, die meisten Leute hätten wohl schon längst entnervt wieder aufgegeben. Schließlich schaffte ich es ins Gebäude. Die Wartezeit war entsprechend lang, dass war sie mit Termin schon und ohne wird es nicht besser. Ich hatte für diesen Tag wohlweislich nichts weiter geplant.

Der Sachbearbeiter, bei dem ich schließlich vorstellig wurde, freute sich, dass endlich mal ein Arbeitsloser etwas auf die Reihe bekommen hatte, in diesem Fall eine Einladung zu einem auswärtigen Vorstellungsgespräch. Er vermerkte das freudige Ereignis in den Akten und händigte mir die nötigen Formulare aus. Das ich mit dem Zug fahren wollte, freute ihn ganz besonders. Da müsste ich gar nichts auslegen, die hausinterne Reisestelle würde mir das Ticket ausstellen. Das hörte sich gut an, denn wenn ich etwas nicht im Überfluss hatte, dann war es Geld.

Also zog ich mit meinen Unterlagen weiter zur Reisestelle. Welche Überraschung, ich musste wieder lange warten. Schließlich drang ich zu einem Sachbearbeiter vor, legte meinen Papiere vor und schilderte meine Reisepläne. Ich wollte, wie auch schon das letzte Mal, den Sprinter nach Frankfurt und zurück nehmen. Dreieinhalb Stunden von Innenstadt zu Innenstadt war weder mit dem Flieger noch mit dem Auto zu toppen, weder zeitlich noch preislich.

Sofort bekam ich den ersten Dämpfer. Der Sprinter kostete einen Zuschlag und den zahlte die Agentur nicht, ich müsste mit einem "normalen" Zug fahren. Komisch, das letzte Mal gab es keine Probleme mit der Abrechnung der Fahrkarte. Der "normale" Zug brauchte allerdings anderthalb bis zwei Stunden länger - pro Strecke. Während ich mich noch ärgerte, wurde mir mitgeteilt, dass die Gebühr für die Platzreservierung ebenfalls nicht übernommen wird.

Na super! Da irre ich dann durch den halben Zug in der Hoffnung, irgendwo noch ein freies Plätzchen zu finden, ein sehr aussichtsreiches Vorhaben bei früher Hin- und abendlicher Rückfahrt. Ich erklärte mich bereit, die Reservierungsgebühr selbst zu zahlen. Ging nicht, dieser Fall war schlicht nicht vorgesehen. Ich erhielt also ein Hin- und Rückfahrtticket nach Frankfurt zum regulären Preis ohne Platzreservierung.

Zu Hause ging ich auf die Internetseite der Bahn und fragte das Sprinterticket für die ursprünglich gewünschte Verbindung ab. Da gab es ein Sparticket, das preiswerter war, wobei in diesem Preis die Platzreservierung bereits enthalten war. Das erklärte, warum ich bei der Erstattung beim letzten Mal keine Probleme hatte. Die Arbeitsagentur buchte zum regulären Preis, statt durchaus vorhandene Sparpreise wahrzunehmen, die sinnvoller, komfortabler und nicht zuletzt preiswerter waren. Da waren die Behördenzeiten wohl doch noch nicht ganz vergessen. Wenn ein Angebot Dinge enthielt, die man eigentlich nicht zahlen durfte (konnte/wollte?), dann war es scheinbar egal, wie viel Geld man damit sparen konnte. Hauptsache die Vorschriften wurden eingehalten - koste es, was es wolle.

Ich quälte mich also mit dem sehr viel langsameren Zug nach Frankfurt und kam entsprechend gerädert an. Mir war speiübel, denn ich konnte nur einen Platz entgegengesetzt der Fahrtrichtung finden. Ich vertrug Bahnfahren nicht besonders gut, das gab mir dann den Rest. So etwas machte sich bei einem Vorstellungsgespräch natürlich immer gut, da hinterlässt man gleich einen bleibenden Eindruck - leider selten einen positiven.

Genauso gerädert stieg ich nach einem langen Tag am späten Abend in Berlin aus dem Zug. Wieder war mir speiübel, denn auch auf dem Rückweg konnte froh sein, überhaupt einen Platz im überfüllten Zug gefunden zu haben.

Ich schwor mir hoch und heilig, beim nächsten Mal um jeden Preis den "Service" der Arbeitsagentur zu meiden, egal wie. Ich war problemlos in der Lage, ein Ticket zu einem besseren Preis zu besorgen, das zudem noch einen komfortablere Reise ermöglichte und meinen Vorstellungen entsprach. Am besten wäre wohl, ich würde das Ticket kaufen bevor ich hinging, dann lohnte ein Storno mit Neubuchung nicht. Ich war schließlich lernfähig!

Fühlen Sie sich ganz wie zu Hause!

Endlich, ein weiteres Vorstellungsgespräch! Ein Bürojob, nichts außergewöhnliches, keine besonderen Fähigkeiten gefragt, außer den sowieso selbstverständlichen, und die Bezahlung wurde vorsichtshalber gar nicht erwähnt. Egal. Hauptsache bald wieder Arbeit. Vermutlich hätte ich inzwischen sogar einen 400-Euro-Job angenommen, nur um wieder etwas machen zu können den lieben langen Tag lang.

Die angegebene Adresse stellte sich als ein Hochhaus nahe des Alexanderplatzes heraus. Komisch, es waren zwar unten die obligatorischen Geschäfte, aber es sah eher nach Wohnhaus aus. Ich fuhr wie angegeben einige Stockwerke hinauf und fand die richtige Tür. Mir öffnete ein Herr und bat mich in eine Privatwohnung. Hoppla, was wird das denn? Seine Frau war ebenfalls da. Man bat mich an den Couchtisch und die Plauderei begann.

Ich erfuhr etwas über eine Firma, die mit Import/Export ihr Geschäft machte. Das machte sie aus der Privatwohnung heraus, und da das Geschäft gut lief, wollte man nun eine Hilfe einstellen, um den zunehmenden Papierkram zu bewältigen, der natürlich proportional mit den Umsätzen wuchs. An die naheliegende Idee der Anmietung eines bescheidenen Büros wurde dabei zunächst einmal nicht gedacht, ich würde einen Arbeitsplatz im Wohnzimmer bekommen. So gut schienen die Umsätze dann wohl doch nicht zu sein, dass man sich beides leisten wollte: Personal und Arbeitsplatz.

Ich hatte in meinem Leben schon viele Vorstellungsgespräche, aber so etwas war mir noch nicht passiert. Ich lehnte das Ansinnen der beiden freundlich ab, und gab meiner Hoffnung Ausdruck, dass sie hoffentlich bald jemanden für ihre Firma finden würden.

Hartz IV – der Striptease

Inzwischen waren einige Monate ins Land gegangen, der Sommer kam und ging, und der Winter hatte Einzug gehalten. Die zwölf Monate, die mir Arbeitslosengeld zustanden neigten sich dem Ende zu. Ich hatte fleißig nach Arbeit gesucht, diverse Vorstellungsgespräche ergattern können, aber leider immer noch keine Arbeit.

Die Aussichten auf dem Arbeitsmarkt hatten sich inzwischen auch nicht verbessert, die Zahl der Arbeitslosen lag unverändert hoch, so dass ich nun der Aussicht auf Hartz IV ins Auge blicken musste. Ich hatte zwar keinen Anteil an der Entstehung der Finanzkrise, unter der ich trotzdem litt, denn sie war hauptsächlich Schuld an der nach wie vor hohen Zahl der Arbeitslosen, aber danach fragte ja keiner.

Ich machte mich also kundig, was da auf mich zukam. Im Gegensatz zu früher, wo ich nach Ablauf eines Jahres weiterhin ein reduziertes Arbeitslosengeld erhalten hätte, was schlimm genug war, denn schon vom normalen konnte ich kaum leben, blickte ich nun dem Absturz in die Sozialhilfe entgegen. Die gab es zwar offiziell nicht mehr, aber was da als Harz IV verkauft wurde, sah irgendwie genauso aus.

War ich tatsächlich so blöd gewesen, etwas für das Alter zu sparen? Es war nicht viel, aber zusammen mit den Resten meiner Abfindung, mit der ich mich bisher finanziell über Wasser gehalten hatte, überstieg selbst das bisschen die lächerlich geringe Freigrenze. Es gab aber tatsächlich Anlagen, die von der Rechnung ausgenommen waren.

Es gab Sparverträge, die nicht angerechnet wurden. Wie sich herausstellte, waren das genau die, die ich nicht in Erwägung gezogen hatte. Und zwar aus dem simplen Grund, weil sie sich vielleicht für Familien mit möglichst vielen Kindern lohnten, für mich aber leider nicht. Die Grundgebühren waren hoch, die Kosten nicht wirklich günstig, und sie brachten bei Auszahlung nur einen kleinen, sehr bescheidenen Gewinn, der selbst bei wohlwollender Auslegung vielleicht an der Inflationsrate kratzte, sie aber vermutlich kaum übertreffen würde. Mit anderen Worten: für einen wirtschaftlich denkenden Anleger, der seine bescheidenen Mittel verständlicherweise möglichst gewinnbringend anlegen wollte, waren diese von der Regierung gepriesenen Sparverträge ein Hohn, da sie eine sichere Geldvernichtung waren.

Mein extra für das Alter angelegter und ebenfalls geförderter Sparvertrag, in den ich seit Jahren bescheidene Summen einzahlte, gehörte offenbar nicht zu den Ausnahmen. Allerdings war er zum Glück nicht auflösbar, und was man nicht zu Geld machen konnte, wurde auch nicht angerechnet. Wenigstens etwas.

Bevor ich Hartz IV beantragte, machte ich meine wenigen bescheidenen Anlagen zu Geld und versuchte, damit so weit wie möglich meine Schulden zu bezahlen. Das zumindest war zulässig. Ich hatte seit Jahren eine kleine Eigentumswohnung und zahlte statt Miete jeden Monat an die Bank, in der Hoffnung, sie irgendwann einmal zu besitzen. Ich steckte mein bisschen Geld also in eine Sondertilgung.

Wie erwartet ging das erste Jahr zu Ende und mir blieb nichts anderes übrig, als Hartz IV zu beantragen. Wieder machte ich mich also auf zur Arbeitsagentur, nur wurde ich diesmal in den anderen Teil geschickt, den für das sogenannte Arbeitslosengeld II.

Hatte ich vorher schon gedacht, im Unterschichtenfernsehen angekommen zu sein, so wurde ich hier eines besseren belehrt. Es ging tatsächlich noch schlimmer! Der Ton war rauer, die Klientel ebenfalls. Was man in meiner Umgebung als selbstverständlich ansah, war hier schlicht nicht angekommen, vermutlich hatte man einfach noch nichts von ordentlichem Benehmen gehört.

Mit solchen Leuten wurde ich also nun ein einen Topf geworfen. Ich fühlte mich nicht zugehörig. Waren solche Gedanken anmaßend oder gar arrogant? War ich ein verwöhntes Gör, das seine Vorstellungen einfach anderen Leuten aufdrückte, und damit rücksichtslos? Die "Berater" waren längst nicht mehr so freundlich wie bisher, obwohl ich mir einbildete, keinerlei Anlass gegeben zu haben zu einem rohen Ton oder der Annahme, ich wäre renitent. Ich litt in diesen Stunden, die ich dort zwangsweise mit Warten verbringen musste, ebenso, wie unter den Gesprächen mit den barschen Mitarbeitern, für die ich schon ein Problemfall war, bevor ich überhaupt das Büro betreten hatte.

Offiziell war ich wohl immer noch Kunde. Diese Position hatte sich im letzten Jahr ja schon relativiert, da man in dieser Position eigentlich nichts richtig machen konnte. Machte man etwas, war es verkehrt, machte man nichts, was es das ebenso.

Nun wurde der Ton schärfer. Mein Antrag wurde zwar bewilligt, aber als ich den Betrag sah, den man mir zahlen wollte, bekam ich fast einen Herzschlag. Ersparnisse hatte ich nicht mehr, die musste ich ja alle verbrauchen, bevor ich überhaupt Leistungen erhielt. Und das bisschen Geld zur Verpflegung plus das Hausgeld meine Wohnung reichte natürlich nicht für die Finanzierung eines ganzen, durchaus bescheidenen Haushaltes. Der Betrag reichte nicht einmal zur Deckung der Fixkosten aus!

Da ich einen Kredit abzahlte (dessen Raten weder über der ortsüblichen Miete lagen noch für eine unangemessen große Wohnung waren), war man der Ansicht, ich hätte keine Ausgaben für Wohnen. Die Bank sah das verständlicherweise anders. Den Zinsanteil der Rate wollte man erstatten, der war aber so gering, das gar keine Erstattung nicht viel weniger gewesen wäre. Hinz und Kunz bekamen die Miete bezahlt, aber mir wollte man nicht mal einen geringen Zuschuss für das Wohnen geben. Offenbar sollte ich von Luft und Liebe leben.

Begründet wurde das damit, dass man ja nicht von den Geldern der Beitragszahler mein Wohneigentum bezahlen konnte, das wäre der armen arbeitenden Bevölkerung nicht zu vermitteln. Das ich auch seit inzwischen Jahrzehnten in die Arbeitslosenversicherung eingezahlt hatte und trotz intensiver, nachweisbarer Bemühungen keine Arbeit finden konnte, und verständlicherweise ungern unter einer Brücke landen wollte - ja man hatte natürlich Verständnis für meine Lage, aber ich müsse auch einsehen, dass das nun mal nicht ging. Egal, ob man mich damit in den Ruin trieb. Das wollte man natürlich nicht, aber was sollte man machen. Mir kamen fast die Tränen! Wenn die Bank keine Raten mehr bekam, war die Zwangsversteigerung nicht mehr weit entfernt, und das zu erwartende niedrige Ergebnis würde nicht annähernd ausreichen, um die Restschuld zu tilgen. Ich würde obdachlos werden und das Amt müsste mir dann eine Unterkunft zuweisen und bezahlen, damit ich nicht auf der Straße landete. Ob das finanziell letztendlich sinnvoller war? Natürlich nicht, aber es würde wenigstens den Vorschriften entsprechen.

Meine Eltern, beide bereits auf Rente, sprangen in die Bresche so gut es ging. Aber es war klar, dass das kein Dauerzustand sein konnte. Ein Job musste her. Aber den suchte ich schon seit einem Jahr ebenso intensiv wie vergeblich. Es gab bei 5 Millionen Arbeitslosen einfach nicht mal so eben Arbeit.

Ich verfiel in Panik. War ich im vergangenen Jahr schon nicht gut drauf mit gelegentlichen depressiven Phasen, so fiel ich nun endgültig in ein tiefes Loch. Ich sah keinen Ausweg.

Angeschmiert

Nachdem das erste Jahr um war und ich finanziell nun inzwischen um das Überleben kämpfte, gab mir das Arbeitsamt mit den Bewerbungskosten den Rest. Meine Ausgaben für Bewerbungen wurden verständlicherweise nicht weniger, nur weil mein Einkommen nun zum Leben nicht mehr reichte. Die Forderungen der Agentur, mich ständig zu bewerben und diese Bemühungen auch nachzuweisen, wurden auch nicht weniger.

Inzwischen war ich sogar schon für eine Absage dankbar, wenigstens diese Mühe hatte sich der allmächtige Anbieter eines Arbeitsplatzes gemacht. Das war leider längst nicht mehr selbstverständlich, zum Einreichen der Bewerbungskostenerstattung aber unbedingt nötig.

Eigentlich würde nun die Jahresfrist erneut anfangen zu laufen, so das ich wieder die Bewerbungskostenerstattung in Anspruch nehmen konnte. Da mich das Arbeitsamt aber falsch informiert hatte, was selbstverständlich ich auszubaden hatte, obwohl ich das weder wissen konnte, noch den Fehler begangen hatte, zog sich das erste Jahr abrechnungstechnisch noch einige Monate hin. Da war also vorerst keine finanzielle Hilfe zu erwarten.

Zum Glück fand sich nach weiteren 3 Monaten dann tatsächlich ein Arbeitgeber, der mich einstellen wollte. Das Gehalt reichte immerhin zum Leben, wenn auch zu nichts anderem. Das war ungefähr die Zeit, zu der ich erneut Bewerbungskosten aus eben diesen Monaten hätte einreichen können. Die falsche Auskunft der Arbeitsagentur hat mich also 260 Euro gekostet, die ich in meiner Situation gut hätte gebrauchen können. Natürlich fragte ich mich, ob das Kalkül war - in der Wirtschaft ging es ja auch nicht anders zu, vielleicht hatte die Politik ja dazugelernt gelernt und sich etwas abgeschaut?

Endlich Arbeit

Was war ich froh, dass sich ein Arbeitgeber nicht nur für mich, sondern auch für meine Qualifikationen interessierte! Es wurde eine anspruchsvolle Stelle beschrieben, die auch sehr gute Englischkenntnisse erforderte. Inzwischen war es mir allerdings ehrlich gesagt völlig egal, was ich machen musste, wenn nur wieder Geld auf meinem Konto auftauchte.

Es handelte sich um eine englische Firma, was das Prozedere der Bewerbung zum Glück deutlich abkürzte, denn Engländer entschieden meist recht schnell. Das ganze hin und her, die tausend Bedenkenträger, die alle gehört und berücksichtigt werden wollen in Deutschland - das ist in England fast genauso unbekannt wie in den USA. Arbeitssprache war Englisch. Kein Problem, hatte ich auch schon.

Ich bekam den Job tatsächlich. Eine deutsche Firma hätte mich dafür vermutlich nicht genommen, weil ich für die beschriebene Aufgabe etwas überqualifiziert war ("mit Ihrer Qualifikation bleiben Sie ohnehin nicht lange, sie finden sicher schnell etwas Besseres"). Die Engländer freuten sich stattdessen, dass sie eine qualifizierte Kraft bekommen konnten. Man ging davon aus, das ich den Job machen konnte, das war die Hauptsache.

Das Gehalt war bescheiden, aber es deckte zumindest meine Fixkosten. Immerhin.

Gefunden werden

Kann man sich von den potentiellen Arbeitgebern nicht auch finden lassen? Eine sehr beliebte Methode der Arbeitssuche ist die Schaltung einer Anzeige. Im Prinzip ist es völlig irrelevant, wie man die Anzeige formuliert. Ich bin inzwischen vielen Personalarbeitern begegnet, und noch nie hat einer gestanden, dass er die Anzeigen der Arbeitssuchenden auch tatsächlich liest. Zunächst mal sind sie viel zu kurz, um sinnvolle Informationen zu enthalten. Es wird zwar reingepackt, was geht, und der wenige zur Verfügung stehende der Platz bis zum Äußersten ausgenutzt. Aber damit ist die Anzeige dann auch schwer lesbar.

Auf solche Anzeigen folgt, egal ob als Chiffreanzeige oder mit vollständiger Adresse, ein Berg Zuschriften. Da wird einfach alles angeboten: Strukturvertrieb, Heim- und Nebenverdienst, Franchise, und auch die obligatorischen Wundermittel dürfen natürlich nicht fehlen. Wahnsinnsmöglichkeiten bieten sich mit tollen Verdiensten, man muss auch fast gar nicht dafür Arbeiten, das Geld fliegt herbei wie gebratene Tauben in den Mund. Seriös ist dass alles nicht wirklich, und das, was der Inserent erreichen oder haben wollte, schon gar nicht.

Bei Stellenbörsen im Internet kann man sein Profil hinterlegen, damit die Arbeitgeber darauf zugreifen können. Macht das tatsächlich jemand? Arbeitgeber das Profil lesen meine ich, Profile hinterlassen die Leute in Mengen. Auch da habe ich Zweifel. Die eintrudelnden Angebote sind nicht seriöser als bei der Printanzeige, auch wenn die Reihenfolge aufgrund des Mediums leicht verschoben zu sein scheint.

Vielleicht mal bei Xing versuchen? Das ist ja für Businesskontakte prädestiniert, geht da was? Versuchen Sie mal, im Profil "arbeitssuchend" einzugeben. Es folgt - was wohl: Haupt- und Nebenverdienst, geniale Franchise-Gelegenheiten und so ziemlich alles, womit man ganz toll Geld machen kann. Mit dem hinterlegten Profil und den eigenen Qualifikationen hat das wenig bis nichts zu tun. Was suchten Sie doch gleich? Egal, habe ich gar nicht gelesen, ich habe eine viel bessere Idee, mit der Sie sich selbstständig machen können!

Ob das sinnvoll ist? Wenn man verzweifelt genug ist, watet man auch durch diesen Sumpf, ob sich dabei aber die seriöse Arbeit findet, nach der man sucht, ist zumindest sehr zweifelhaft. Aber auch Lotto spielen die Leute und es gibt immer mal wieder einen, der die Millionen abräumt.

Was funktioniert wirklich?

Ein Patentrezept gibt es natürlich nicht, und auch die Vorgehensweise kann sich je nach Branche und Ausbildung deutlich unterscheiden. Generell kann man aber durchaus einige Aussagen treffen, die oft zutreffen.

Werden dieselben Anzeigen immer wieder in mehr oder weniger regelmäßigen Abständen geschaltet? Das kann drei Dinge bedeuten: entweder findet die Firma partout keinen Bewerber, der ihr zusagt. Oder aber die Zustände in der Firma sind so unterirdisch, das die gewählten Bewerber schnellstmöglich wieder das Weite suchen und die Suche von vorn losgeht. Letzte Möglichkeit ist, das die ausgeschriebene Stelle gar nicht existiert. Die Firma möchte lediglich in der Öffentlichkeit oder gegenüber der Konkurrenz den Eindruck erwecken, das man fleißig expandiert.

Dieses Spiel als Bewerber zu durchschauen, ist fast unmöglich, wenn man keinen Insiderkontakt hat. Hinweise könnte lediglich die Beschreibung der Stelle liefern. Sind die geforderten Qualifikationen so speziell, dass Personal tatsächlich schwer zu finden ist? Oder so allgemein, das man davon ausgehen kann, das der Arbeitgeber selbst nicht weiß, was er eigentlich will? Man sollte sich fragen, ob das dann die Firma ist, für die man arbeiten möchte.

Einige Personalentwickler behaupten, es werde tatsächlich jede verfügbare Stelle ausgeschrieben und daher wäre es zwecklos, sich initiativ bei Firmen zu bewerben. Aber das ist eigentlich nur bei Behörden oder Institutionen der Fall. Die Erfahrung zeigt, dass ein großer Teil der Stellen unter der Hand weggeht, ohne je das Licht der Welt zu erblicken.

Da gibt es Startups und kleine Firmen, die grundsätzlich erst mal im Bekanntenkreis und bei ihren Mitarbeitern herumfragen, wenn Bedarf besteht. Erst wenn auf diese Weise kein geeigneter Bewerber gefunden werden kann, wagen sie sich überhaupt aus der Deckung.

In größeren Firmen und auch Konzernen ist Mundpropaganda manchmal ein geeignetes Mittel, um potentielle Bewerber aus der Deckung zu locken. Denn das verspricht sehr viel weniger Aufwand als die Schaltung einer Anzeige, auf die dann oft hunderte Bewerbungen eingehen, die alle bearbeitet werden müssen.

Bei größeren Firmen ist es überaus beliebt, die Personalabteilung mit Werkstudenten aufzustocken. Die dürfen dann die eingehenden Bewerbungen sortieren und die Vorauswahl treffen, bevor sich ein "Profi" dann an die eigentliche Sichtung des meist kläglichen Restes macht.

Sie fragen sich, was einen (vermutlich in Personaldingen unerfahrenen) Werkstudenten dazu befähigt, eine solche Auswahl zu treffen, wo er doch nicht einmal lange genug in der Firma ist, um die Abläufe, geschweige denn die Bedürfnisse kennenzulernen? Mit dieser Frage stehen sie nicht allein. Bisher konnte mir noch kein Personaler schlüssig erläutern, was das für einen Sinn macht, außer, die Stapel an Bewerbungen kostengünstig abzuarbeiten. Sie bekommen eine Liste mit Dingen, die sie abzuhaken haben, wer die Bedingungen nicht hundertprozentig erfüllt, fällt durch das Raster.

Ob dabei eine qualifizierter Kandidat unter die Räder kommt, ist bei der Menge der Eingänge scheinbar zu verschmerzen, Kollateralschäden werden in Kauf genommen. Definitiv kein Platz ist dabei aber für kreative Köpfe, sehr vielseitige Menschen oder auch Quereinsteiger. Denn diese werden so nie bis zu einem Entscheider vordringen, auch wenn die Firma sie vielleicht gut gebrauchen könnte.

Überhaupt liest man in allen möglichen Veröffentlichungen inzwischen von Bewerbermangel allerorten, dass die Firmen sich jetzt sehr viel einfallen lassen, um Bewerber anzulocken und zu halten, und dass inzwischen ja längst der Wandel vom suchenden Bewerber zur anbietenden Firma im Gange sei.

Lassen Sie sich davon nicht beeindrucken. Das mag zwar in der Theorie Sinn ergeben, aber in der Realität ist davon (noch) nichts zu spüren. Zur Zeit bleibt es noch bei hochtrabenden Sonntagsreden, am Montag erhält der Werkstudent dann doch wieder die Stapel von Bewerbungen und das Spiel beginnt von vorn.

Die demografische Entwicklung mag noch so erschreckend sein, ob Sie sich als Arbeit Suchender noch vor ihrer Verrentung einen Arbeitgeber aussuchen dürfen, der auch noch um sie wirbt, ist zumindest zweifelhaft. Bekanntlich bewegt sich in Deutschland (und vermutlich auch im deutschsprachigem Ausland) erst dann etwas in dieser Richtung, wenn die Wirtschaft kurz vor dem Kollaps steht.

Am hilfreichsten sind immer noch persönliche Kontakte, auch wenn viele das nicht hören wollen. Scheuen Sie sich nicht, Hinweisen von Bekannten nachzugehen, lesen Sie den Wirtschaftsteil der Zeitung, und geben Sie Informationen an andere weiter - auch und gerade, wenn Sie selbst nicht nach Arbeit suchen.

Ein Anruf vorab in der Firma, bei der Sie sich eventuell bewerben wollen, kann Wunder wirken. Und sei es nur, dass Sie sich die Mühe sparen können. Wenn nicht, dann können Sie sich auf das Gespräch beziehen und ihrer Bewerbung damit etwas mehr Gewicht verleihen.

Erfahrungsgemäß mögen etwa ein Viertel der Personalabteilungen derartige Telefonate nicht, aber die restlichen drei Viertel sind deutlich in der Überzahl und dort kann man mit etwas Glück auch weitere Informationen erhalten. Vielleicht den Hinweis, es doch in einem Monat noch einmal zu versuchen. Das sollten sie dann auch tun. Vielleicht ist ja tatsächlich etwas in der Pipeline, auch wenn es noch nicht an die große Glocke gehängt wird. Und selbst wenn nicht, es wird nicht schaden, sich wieder ins Gespräch zu bringen.

In jedem Fall gilt: geben sie bloß nicht auf! Und verabschieden sie sich von der Vorstellung, ein Bittsteller zu sein. Sie haben etwas zu bieten und das sollten sie auch klar sagen.

Allerdings sollten sie auch wissen, was das ist. Wenn sie es noch nicht gefunden haben, lesen sie einige Ratgeber zum Thema und schärfen sie ihr Profil. Jeder hat Stärken und Schwächen, und es ist bekanntlich effektiver, die Stärken auszubauen, als die Schwächen mit viel Kraft und Aufwand übermäßig zu kaschieren. Denn die fehlt dann anderswo.

Sie verkaufen sich selbst! Wenn sie kein reicher Erbe sind, und ihnen kaum etwas anderes übrigbleibt, als von Arbeit zu leben, dann geht es ihnen wie den meisten Menschen. Stellen Sie ihr Licht nicht unter den Scheffel sondern gehen sie mit ihren Stärken hausieren.

Nachtrag

Inzwischen sind einige Jahre ins Land gegangen. Die Situation auf dem Arbeitsmarkt hat sich bis 2013 deutlich gebessert und die Zahl der Arbeitslosen ist gesunken. Während viele andere Länder Europas noch immer in einer Krise sind, hat sich in Deutschland eine vermeintlich stabile Wirtschaft berappelt, es wurden viele neue Jobs geschaffen und die Zahl der Beschäftigten stieg. Sieht das auch ohne rosarote Brille so aus?

Zunächst fällt auf, das die Reallöhne und -gehälter in Deutschland seit dem Jahr 2000 um 0,8 Prozent gesunken sind, während sie im Rest Europas zum Teil erheblich gestiegen sind. Damit verdient ein durchschnittlicher Arbeitnehmer heute weniger als im Jahr 2000, was die Kaufkraft seines Einkommens angeht. In Großbritannien dagegen stiegen die Löhne in der selben Zeit um gut 26 Prozent, in Frankreich immerhin noch um weit über 9 Prozent. Inflationsbereinigt!

Das sind Durchschnittswerte. Ein Haushalt, der den größten Teil seines Einkommens für den täglichen Bedarf wie Wohnung, Energie, Essen, Mobilität ausgeben muss, und das sind überdurchschnittlich viele Haushalte, wird einen größeren Rückgang verzeichnen. Denn die Daten werden statistisch erhoben. Da wird dann in einen Topf geworfen, dass Waschmaschinen und Fernseher billiger geworden sind und das mit den teurer gewordenen Lebensmitteln verrechnet.

Mal ehrlich, wie oft kaufen sie eine neue Waschmaschine oder einen Fernseher? Und wie oft stehen sie im Laden, um ihren Kühlschrank aufzufüllen und was geben sie im Monat dafür aus? Was soll die billigere Waschmaschine, die sie nicht kaufen, da ausgleichen?

Die meisten der viel gepriesenen neuen Jobs sind Zeitarbeitsplätze. Diese werden generell schlechter bezahlt als reguläre Stellen. Zusätzlich sind inzwischen fast ein Viertel aller Arbeitskräfte im Niedriglohnsektor beschäftigt. Und dabei handelt es sich nicht, wie in vielen anderen Ländern, um Geringqualifizierte. Immerhin 80 Prozent dieser Arbeitnehmer haben eine abgeschlossene Berufsausbildung.

Ein Blick in die Stellenbörsen lässt vermuten, dass es Arbeitsangebote in ausreichender Menge gibt. Tatsächlich sind die meisten Angebote aber von Zeitarbeitsfirmen. Andere Angebote wiederholen sich in regelmäßigen Abständen, so das die Anzahl der für den Suchenden in Frage kommenden Stellen durchaus überschaubar bleibt, vor allem, wenn er ortsgebunden ist und nicht mal einfach umziehen kann.

In den verbleibenden Annoncen finden sich dann sehr oft Formulierungen wie "erste Erfahrungen erwünscht", was auf eher bescheiden bezahlte Einsteigerjobs hinweist, auf die sich ein erfahrener Arbeitnehmer erst gar nicht zu bewerben braucht, da er sowieso gleich aussortiert wird.

Der vielzitierte Fachkräftemangel beschränkt sich auf einige wenige Branchen. Und auch dort kann er noch nicht besonders dringend sein, denn selbst dort, wo angeblich der Mangel und die pure Verzweiflung der Arbeitgeber herrschen, stellt sich teilweise heraus, dass zwar verzweifelt Arbeitskräfte gesucht werden, man aber nicht bereit ist, für diese doch angeblich so dringend gesuchte Qualifikation auch zu zahlen. Da ist es dann auch kein Wunder, wenn sich die gesuchten Kräfte anderswo orientieren, wo sie mit ihrer gefragten Qualifikation besseren Lohn erhalten können.

In Deutschland existiert noch immer eine von den Arbeitgebern bestimmte Arbeitswelt, die Möglichkeiten des einzelnen Arbeitnehmers sind noch immer beschränkt und nur bedingt beeinflussbar. Die Politik hat in den vergangenen Jahren nicht dazu beigetragen, dieses Ungleichgewicht auszugleichen, im Gegenteil.

Im Gegensatz zu fast allen anderen europäischen Ländern haben Arbeitnehmer in den letzten fast zwei Jahrzehnten in Deutschland deutliche Abstriche machen müssen. Zwar steht die Wirtschaft auf dem Papier gut da und das Land hat die Krise bisher gut gemeistert, dies ging aber bisher vor allem auf Kosten der Arbeitnehmer.

Eine Wende ist nicht in Sicht. Zwar ist die katastrophale demografische Entwicklung absehbar, dass ist sie aber schon seit mehreren Jahrzehnten, ohne dass das bisher großen Einfluss auf die Situation gehabt hätte.

Die Politik handelt nach wie vor kurzsichtig und nur auf die nächste Wahl bedacht, die Bürger sind sich dessen bewusst und verweigern zunehmend die Abstimmung, da sie - nicht ganz zu unrecht - das Gefühl haben, bei einer Wahl doch über nichts wirklich entscheiden zu können.

Es wird unter diesen Umständen über kurz oder lang zu einem Konflikt kommen müssen. Wann dieser ausbricht, oder wie er ausgeht ist indessen völlig ungewiss. Relativ sicher ist aus den Erfahrungen der Vergangenheit nur, dass die Arbeitnehmer vermutlich wieder die Verlierer sein werden. Sie haben einfach keine ausreichende Lobby.

www.ingramcontent.com/pod-product-compliance
Lightning Source LLC
Chambersburg PA
CBHW071801200526
45167CB00017B/992